金子 勝
Masaru Kaneko

悩みいろいろ

―人生に効く物語50

岩波新書
1632

はじめに

何ごとか教訓を学ぶために小説を読むのはよくない――私がそう考える理由は簡単です。説教ほどおもしろくないものはないからです。思わず、そんなこと言われなくても分かっているよ、と言いたくなります。むしろ、白とも黒とも言えない人間の深い部分を描くところに、小説のおもしろさがあると、私は思うのです。

「科学」を仕事の対象として取り組むとき、論理至上で割り切れないものを除去していき、論理で説明しつくそうとします。私もそういう職業人としての自覚がないわけではありません。しかし、正直なところ、人間の認知能力には限界があり、「科学」の名のもとに自分の言っていることの「すべてが正しい」という勇気がわきません。全知全能の神などいないとすれば、「科学」で分かっていることは多くが、小説ほどではないにせよ、むしろ白とも黒とも割り切れないことが多いのです。裏を返せば、だからこそ「科学の進歩」もあるのかもしれません。

こういう中で、私は通説を批判する立場をとっていますから、一生懸命、職業倫理を貫こうとすれば、自分を絶えず安全な場所に置くのではなく、心のどこかにある、わずかの迷いを振り切って何ごとかを言わなければいけない瞬間に直面します。そのとき、私は全身に鳥肌が立つような緊張感に襲われることがあります。たとえば、バブルの崩壊を予測するときなどがそうです。自分にできることは、せいぜい、できるかぎりデータや資料を集め、論理を緻密に組み立て、自分の主張をチェックしきろうとすることです。それでも、どこかに落とし穴があるかもしれないという恐怖から逃れることはできないのです。

＊

本書は、朝日新聞が土曜日に出す『Be』の「悩みのるつぼ」(二〇〇九年〜)の回答を集めてできています。

小説や寓話などを教訓を導き出すために読むのはよくないと言いながら、なぜ人生相談の回答に小説や寓話を使ったのでしょうか。まず、小説や萬話の中に自分の悩みを発見することで、自分の抱える悩みが「普遍的」であることに気づき、相談者は安心します。そう、私だけではないんだと考え、自分を客観化することで、実は社会との接点を見出すことができます。私も、小説や寓話を媒介にすることで、上から目線で悩みに答えることを避けられます。こうしているうちに、本書は、いつの間にか人生相談の形をとった一種のブックガイドになりました。

経済学者を標榜する者が、なぜ小説や寓話を使って人生相談に答えるのか。ひとつは、政治学や社会学に登場する「市民」も、経済学に登場する「合理的経済人」も、はたまたマルクス経済学に登場する「階級」も、ある一種類の人間類型から成り立つことで、論理の世界において、秩序だって社会を再構成することができます。しかし、どれも現実の人間とかけ離れており、私の中で違和感を惹起させます。そして実際に、社会はいつも「あるべき姿」をたどらず、時にはとんでもない方向をたどることがあります。歴史の中では、「狂気の世界」や「深い断絶的変化」が何度も繰り返されています。それゆえに、もっと生身の人間に寄り添わないといけないという衝動に時々襲われるのです。

ゲーテの『ファウスト』の中で、悪魔のメフィストーフェレスは「人間どもが来る日もくる日も苦しんでいるのを見ると憂鬱です。意地悪をしてやろうという気がなくなるくらいなんだから」と言います。主(神)は「人間は精を出している限りは迷うものなのだ」と答えます。

真剣に人生に向き合っている者ほど、迷い悩むものだとすれば、まずは相談者の悩みや迷いを肯定するところから出発しなければいけないと思います。社会や権力への批判はできるだけ鋭く、しかし個々人の問題についてはまずは肯定する——すべては、そこから始まるのです。

しかし、人間の悩みはいつの時代にも共通する面がありますが、それは時代の変化とともに変わっていきます。人々の悩みや迷いの中に、「現代」という時代も見えてくるはずです。バブルとその崩壊は、節倹、勤労、職業的倫理といったマックス・ウェーバーのいう近代資本主義の「エートス」を壊していきました。バブルは自分の地道な労働の成果というより、土地や株の価格の上昇をうまくとらえられるか否かにかかってきます。その崩壊はゆえなく人を破綻に追い込みます。すべてが「運」なのです。そして誰も責任をとらない社会が生まれました。

ところが、「失われた一〇年」が「失われた二〇年」になるにつれ、先が見えない時代になっていきます。加えて、日本はどんどん少子高齢社会になっていきます。多くの人々は、人生のステージにおいて、明らかな目標や目安を組み立てることが難しくなりました。時には、逃げまどい、ひたすら自己防衛を余儀なくされます。それは家族や友人関係や地域社会を壊していきます。「悩みの時代」が訪れたのです。

目　次

本文図版：１２３ＲＦより

1

孤立と不安

どんな時代でも、人間は孤独や孤立を抱えて生きてきました。しかし、最近は人々の「つながり」があちこちで断ち切られ、その度合いを深めているように思います。これは、グローバリゼーションの名のもとに、「市場メカニズムに任せれば、すべてうまくいく」かのように言う「新自由主義」が社会の深部にまで広がってきたことと無関係ではないと、私は考えています。にもかかわらず、いまなお「どの国でもそうなんだ。グローバリゼーションに乗り遅れれば、やがて日本は世界から取り残される」という脅迫まがいの言説が繰り返されてきました。それは、時として人々の孤独感や孤立感を一層深くしていきます。

人はだれも「つながり」をもって生きています。ところが、「新自由主義」による労働法制や企業制度の「改革」は、人々の間にあった「つながり」を断ち切っていきます。会社では、いつリストラされるかわかりません。自分がリストラされないためには、誰かをあぶり出してリストラの対象にすることさえ起きえます。若い世代では非正規雇用化が進んでいます。非正規雇用になれば、いつその会社からクビを切られてもおかしくありません。そのために若者が未来を見通せなくなっています。

さらに、いまや家族さえもが「つながり」を失いかけています。「小さな政府」や「自己責任」という名の福祉削減によって、あちこちで「つながり」が寸断されていき、人々は行き場がなくなります。子どもへの虐待、ひとり親家庭と子どもの貧困、老老介護のあげくの虐待、老後の孤独死……。それらは、もはや個人では対処することはできません。そして人々は孤立の恐れにおののきながら生きていかざるをえません。いまや薄くなった中間層という階層でさえ、バブルとバブルの崩壊を繰り返し、こんなに世界中を投機マネーが飛び交う状況では、不安から逃れることはできないのです。

Q.「孤独死」が頭に浮かびます

六三歳。男性。結婚歴のない独身です。

二年あまり前、ある事情で身辺整理をしました。その少し前までしていた商売のすべてを清算したのです。結局あとには何も残らず、またゆえあって借家住まいとなり、今では細々とした生計を営んでいます。

父親はずいぶん前に亡くなり、この間に母も亡くなりました。身辺整理のあとの気軽さはあっても、生活の苦渋には何も変わりありません。

弟も一人いますが、その弟も離婚などして今は独りです。身辺整理はこの弟も巻き添えにして行い、今はお互い、パートのような収入で生活しています。それも年齢とともにいつまで続けられるのか、見当もつきません。おいおい国民年金で生活することになります。

私個人で言えば、家族もいないのですから、その点、自分のことだけを考えればいいのですが、老後の不安がふと頭をかすめます。「孤独死」という惨めな言葉も思い浮かべます。けっして遠い言葉ではありません。

老後をいかに生活していったらよいのか、今から頭を痛めています。家賃などもあり、こまごまとした生活上の計算をしていると、厳しさが目に見えてきます。不安なのです。

こんな思いをしているのは私一人でしょうか。心休まるアドバイスがあればぜひお願いしたいのです。


（パート　男性　六三歳）

A.『老人と海』の老人は孤独ではない

二年前に身辺整理をして、あなたは身一つになりました。その際に老後の蓄えも、家業も自宅も失ってしまったとすれば、老後の生活は大変厳しい状況です。しかし、あなたの孤独感は予想される生活苦だけが原因ではないと思います。

孤独になった老人の職業と人生を考えるとき、私はヘミングウェィの『老人と海』を思い浮かべます。この物語では、老漁師サンチャゴは八四日も不漁の日が続き、相棒の少年も親に言われて船に同乗しなくなります。

老人がたった一人で漁に出て、ようやく巨大なカジキマグロを仕留めますが、サメに狙われます。老人は必死で格闘しますが、結局獲物はサメに全部食われ、身一つで港に帰ってくるという話です。

この物語は、結果だけをみれば、近親者のいない孤独な老人が加齢で体力が衰え、結局、漁に出てとった獲物もサメに食われて、ほうほうの体で港に戻ってくる話にすぎません。にもかかわらず、『老人と海』はむしろ老人の孤独さを打ち消す物語です。それは、老人と、同乗していた少年との間の絆から来ています。

少年は老人の係累ではないにもかかわらず、疲れきって港に帰ってきた老人を迎えてくれます。少年は、疲れて寝ている老人にこう語りかけます。家の人たちが何と言っても「これからは二人で一緒に行こうね。ぼく、いろんなこと教わりたいんだもの」。この物語のラストシーンが読者を救い、希望をいだかせるのです。

『老人と海』が教えるように、絆は血縁がなくとも、老人の持つ技や知恵を惜しみなく与える信頼関係からも生まれます。今あなたは、身辺整理で何もかも失ったように感じています。しかし、失ったのは家族でも財産でもなく、実は社会の中で作り上げてきた絆やつながりなのかもしれません。

でも、絆は自ら作るものです。あなたにも、長い間の商売や人生で身につけた何かがあるはずです。あなたの経験や知恵を生かせる場所を改めて探してみてはいかがでしょうか。

あるいは、弟さんと二人で協力して何かを始めて、新たな絆を作っていくこともできます。「老人」と比べて、あなたには離婚してあなたと同じ境遇の弟さんがいるだけ幸せです。

しかも、あなたはまだ六三歳ではありませんか。人生これからです。

Q. 私は「消耗品」ですか？

三二歳女性、独身。パートで九時～五時で働いています。両親ともに健在で、同居です。ここまで読んでどう感じますか。

高校卒業後、正社員として五年勤めた後、派遣で工場巡りをしました。外国人労働者に交ざり、冷暖房の効かない作業場での労働など、二〇代は過酷でした。ヘルパーの資格をとり、いったんは介護施設で働きましたが、七か月で退職してしまいました。それから、時給七五〇円の検査の仕事(パート)で現在に至ります。

工場では今までいろんな仕事をしてきました。炊飯ジャーのネジ締め、化粧品の検査、事務用の椅子や自動車のマット、シートもつくりました。私はそれらと同じ消耗品に過ぎず、どこか傷めば必ず捨てられるのです。よく「若いんだし」と言われるのですが、現在の仕事を手放せば自分はどうなるのでしょう。恐ろしいです。

つま先だけ、この日本に存在させてもらっている心境です。そして、疲れてしまいました。これから何をどう頑張ればいいのか、立ちすくんでいます。私の存在価値ってあるのでしょうか。学歴もある有能な人材なら堂々と生きていけそうですが。父親はたった一人でのしあがってきた団塊世代の努力家で、工場を替えるたび、非難されました。私は、甘えすぎた人間の末路なんでしょうか。客観的な意見が聞きたいです。

（パート　女性　三二歳）

A. 同じ境遇の人と「つながり」できれば

あなたは過酷な作業場で働き続け、「現在の仕事を手放せば自分はどうなるのでしょう」と不安になる一方で、疲れて「これから何をどう頑張ればいいのか、立ちすくんでいます」と書きます。

この一〇年余りで派遣や契約労働が激増し、あなたと同じように、短期の雇用契約で職場を転々としていかざるをえない若い世代は二人に一人の割合でいます。不況で、彼ら／彼女らがいとも簡単にクビを切られていく現実が背景となって、九〇年近く前に書かれた小林多喜二の『蟹工船』がベストセラーになりました。

「おい地獄さ行《え》ぐんだで！」で始まる『蟹工船』という小説には、特定の主人公がなく、労働組合に組織されていない名もなき漁夫・水夫・火夫らが主人公です。蟹工船のあまりに過酷な労働に、やがて監督に要求書を出すストライキへと発展します。

ところが、監督は軍に無電を打ち、駆逐艦がやってきて九人の首謀者は連れ去られてしまいます。そして、彼らが二度目のサボタージュに立ちあがるところで物語は終わるのです。

現在の状況は違います。

蟹工船では、閉じられた空間の中で、過酷な労働を強いる監督が目の前にいて、虐げられている経験を共有する連帯が存在します。

ところが、現代の派遣労働は、あなたが言うように、使い物にならなくなれば、簡単に捨てられてしまう「消耗品」です。そこには目に見える「敵」がいるわけでもなく、過酷な労働を共有する連帯が存在するわけでもありません。「個化」して、まるで液状化した世界です。

人間はもろく、一人では生きてゆけません。働くことも同じです。仲間と仕事をする中で、自分が仲間に貢献したり助け合ったりすることで頑張れます。あるいは、仕事を生活の手段と割りきっても、家族という「つながり」を維持するために働けます。あなたは独身で、父親はあなたが工場を移るたびに怒ります。あなたには、働く行為を支える「つながり」がありません。それが、労働を一層過酷にしているように思えます。

「つながり」を作るのは大変ですが、あなたと同じ境遇の人はいっぱいいます。何とか、互いに共感し助け合う「つながり」を見つけることができれば、人生も少しは変わるはずです。

あなたを囲む理不尽は、あなたのせいではなく、決して「甘えすぎた人間の末路」ではありません。

Q. 孤独になるのが不安です

高二です。同級生との関わり方に悩んでいます。

私は何かとしゃべるほうで、休憩時間などはいろいろな人と話しています。ただ、ある同級生は、私の何が気に食わないのか、遠くで私の根拠のない悪口を言ったり、授業中に私が発言すると笑ったりします。

その同級生は掃除はサボる、先生はばかにする、他人はいじめる、といった、本当にろくでもない人なのですが、多くの子分を従えています。単なるからかいだと思えばいいのかもしれませんが、これまでそんな経験がないため、今すぐそう思うことはできませんし、自分もその人からいじめられるのを恐れている中の一人なので、その人が私の名前を口に出すと、自分の名前が聞こえてきて、何か悪口を言われている気がして本当におっくうな気分になります。

私が対抗したとしても、知らないところでSNSなどで不快なことを書き込まれるのは嫌です。一時期クラスは分裂しかけました。私とその同級生でクラスを二分したら、いじめられるのを恐れて多くの同級生が向こうについて、私は孤独になるのではないかと不安です。その同級生と仲良くしたいなどとは思わず、縁を切りたいほどですが。気になって授業にも集中できませんし、その人の前で友だちと騒ぐこともできません。私はどういった態度をとればいいのでしょうか。

（男性　高校二年生）

A. 孤独になって孤独に打ち克つ

あなたは、嫌がらせをしてくる同級生に悩まされています。その同級生とは仲良くしたくないし、かといって徒党を組んで対抗すれば、かえって孤立するのではないかと心配しています。これは実は学校の中のことに限りません。あなたが日本の組織に属する限り、これからもずっとつきまとう問題です。とくに社会に出て、会社勤めをしたときなどには、もっと厳しい形で、「孤立」の恐怖に直面しなければいけないこともあるでしょう。

そんなときに勇気を与えてくれる小説があります。複数の同行者がパーティーをつくる登山の常識に抗し、「単独行」でさまざまな快挙を成し遂げた登山家・加藤文太郎をモデルにした新田次郎の小説**『孤高の人』**です。

加藤は、高等小学校を卒業して神港造船所の技術研修生になり、そこで登山を覚えます。同期生ともあまり付き合わずに山登りにのめり込み、どの山岳会にも属さず、単独で夏の北アルプスを誰よりも速く縦走していきます。

冬山に夢中になった加藤は「冬山に勝つことは、孤独に勝つことだ」と自分に言い聞かせますが、一人に耐えられなくなり、立山の剣沢小屋《つるぎさわごや》に泊まる六人のパーティーに同行を希望し、断られます。ところがそのパーティーは雪崩で遭難。彼は単独行を貫く決意をし、ヒマラヤ征服を夢に見ながら、富山県の立山から入り北アルプスを縦走して長野県に抜ける登山を単独で成功させますが、結婚して幸せになった矢先に、若い友人と初めて組んだパーティー登山で遭難し、二度と帰らぬ人となってしまいます。

登山といえば金持ちの道楽のように思えた時代に、群れずに単独で山に挑むストイックな姿は示唆的です。実社会ではなかなか「孤高の人」として生きることは難しいですし、誰でも孤独や孤立は怖いものですが、加藤は冬山の孤独に打ち克つことで、自分を再発見し、それゆえに孤独な冬山を愛したのです。

誰もが「孤高の人」でいられるわけではありません。ただ、あなたはまだ若いのですから、クラブでも勉強でも趣味でもいいので、これから自分が真剣に打ち込むことのできるものをまず見つけることが大事ではないでしょうか。

何かに必死に挑むことで孤独を味わいますが、自分というものを確立することで孤独を恐れなくなれます。そうすれば、同級生のしてくることも下らないことに思えてくるはずです。

Q. 亡き母の介護で悔いが残ります

六〇代半ばの男性です。

二年前に母を八四歳で亡くしました。病院でこれでもかというほどの延命治療を続けた末、母は最期の一言も発せられず、自分も今までの母への感謝の言葉さえ伝えられず、亡くなってしまいました。

思えばまだ母が九州の田舎で何とか生活していたころ、腰の曲がった様子を見ていながら、二か月に一度、数日の帰省だけして面倒を見てきたつもりでした。でも、母にとって本当の介護になっていなかったのです。

「離職してでも帰って介護すべきだった」「何をさておいても母のそばに居てやるべきだった」などと、二年経っても自責の念にさいなまれています。

母は本当は「帰ってきてくれんね！」と言いたかったのでしょう。でも遠く東京で生活していた息子に言い出せなかった。

法事で実家に帰るたびに無性に悔しさ、無念さがつのり、母の遺影に向かって「母さん！　ごめんな！」と謝り続けています。月一回心理カウンセリングを受けていますが、気が楽になるのはその時だけで翌日から後悔の日々です。

苦労してきた母に十分介護をしてやれなかったこと、穏やかな看取りができなかったことへの後悔の念はいつまで続くのでしょうか。どんなきっかけがあれば立ち直れるのでしょうか。この愚かなバカ息子に生きるためのアドバイスをください。

（男性　六〇代）

A. 後悔を母への愛に変えてみては

あなたは母親を十分に介護せず、穏やかな看取りができなかったことをずっと悔やんでいます。二年後の今も、母をある意味、見捨てたような自責の念で苦しんでいます。

それは母への愛が強いことの裏返しでもあります。

心温まる「おかあさんの詩」をたくさん書いた詩人がサトウハチローです。ただ、異母妹の佐藤愛子が書いた『血脈』によれば、現実にハチローが母のハルを素直に心から愛していたわけではなく、むしろその逆でした。

ハルの夫で小説家の佐藤紅緑は、家庭の外にもたくさんの子どもを作ります。それを見て育ったハチロー自身もたくさんの愛人を作り、「ヒロポン中毒」にもなるのです。

「八郎の胸の底には、長い間埋めてきた古甕《ふるがめ》がある」と佐藤愛子は書きます。その甕を「しっかり密封して、埋めたきりにしている」。

「甕の中に押え込んだものは、誰からも愛されなかった「哀れな母」だった。父からうとんじられ、子供の誰からも慕われなかった。いつもグチグチこぼしてばかりいて、口を開けば父さんの悪口をいう母だった」

「父に捨てられた母」を、ハチローも捨てていたのです。

「本当のかあさんは甕から出すことは出来ない」から、ハチローは、甕のかあさんと背中合わせである「夢のかあさん」を書きます。母を見捨てたという思いがハチローの母への思いを一層強くするのです。「八郎が愛さなかった母、八郎が虐《いじ》めた母。だからこそ今、八郎は身を切られるような気持で母を懐かしむ。悔恨と共に愛するのだ」

母親を見てやれなかったというあなたの後悔の気持ちは率直で、サトウハチローほど複雑でも、壮絶でもないですが、「後悔」や「自責」を深めれば深めるほど、今はもうこの世にいない母親への思いで心がかきむしられるという点で、どこか相通ずるものはないでしょうか。そして、そんなあなたの気持ちに共感できる人も多いはずです。

サトウハチローは、母を見捨てたという悔恨の情を母への愛に変えて、たくさんのおかあさんの詩を書き、人々を感動させました。あなたも、後悔の気持ちに心の中でひと区切りつけて、それを母への愛へと変えていく方法を考えてみてはいかがでしょうか。

たとえば、月命日にはお墓参りをしたり、心のこもった法事をしたりするだけでもいいのです。そのたびに、母を愛する気持ちを更新し、思いを新たにしていけばいいのです。

◆この章で取り上げた物語一覧◆

『老人と海』アーネスト・ヘミングウェイ、福田恆存訳、新潮文庫ほか
「蟹工船」小林多喜二『蟹工船　一九二八・三・一五』岩波文庫ほか
『孤高の人』上下、新田次郎、新潮文庫
『血脈』上中下、佐藤愛子、文春文庫
　＊比較的入手しやすい文庫を中心に挙げています（以下同）。

2

予想と後悔

人間は、時間を超えて考えながら生きています。まず未来に向かって「予想」を立てたり「期待」をいだいたりします。その「予想」や「期待」通りにいけば、人はそれほど悩まないですみます。問題は、「予想」や「期待」が外れてしまうときです。努力が足りなかったり、まったく「予想」もしなかった事態に直面したりするのであれば、過去に向かって「後悔」が起きます。それでも個人的な事柄であるかぎり、反省して同じ間違いをしないように頑張ります。そして、その及ぶ範囲は自分とその周囲の人たちだけに限られます。

しかし、人は社会的に無関心でも生きていくことはできますが、人間は「社会的動物」なので、自分の人生に意味を見出そうとすると、社会に対して自分が何かを果たせたのかと考え出します。それは個人的事柄と違って厄介です。知性や理性のある人たちに、自分はどういう人間であるのか、自分はどう生きたらよいのかという問いとして迫ってくるからです。現代は、そういう問いを避けられない時代です。

二〇〇八年九月に一〇〇年に一度と言われる世界金融危機が発生し、二〇一一年三月に東日本大震災と福島第一原発事故が発生したことで、世界は大きな歴史的転換期を迎えています。ところが、その中で安倍晋三政権が誕生しました。

一九九〇年代の不良債権処理問題から福島第一原発事故まで政官財のリーダーたちが責任逃れに終始しているために、産業構造の転換が遅れ、日本経済は衰退の道を歩んでいます。歴史を振り返ると、こういうときに異常な貨幣増刷に走りカネをバラマキ出すのは、一つの体制が終焉を迎える兆候です。おカネを刷りまくって「パンとサーカス」に多くの人々を夢中にさせている間に、特定秘密保護法とメディアへの圧力、立憲主義を無視した安全保障関連法の成立、改憲への動きなど、過去の戦争への反省を踏まえた戦後民主主義の良いところまでが否定されようとしています。こうした「異常」な状況は否応なしに、今までの自分の人生とは何だったのだろうか、これからどう生きるべきなのだろうかという問いを発生させるのです。

Q. 定年後やることがありません

私は五九歳の男性です。

来年の三月に定年を迎えます。いままで三八年間、働いてきました。子どもたちはみんな家を出て、いまは妻と二人で暮らしています。

私の悩みというのは、来年定年になったら、それから先の人生で、「何もすることがない」ということです。

会社の先輩の中には、家庭菜園にいそしんだり、魚釣りを楽しんだりしている人もいますが、私にはそういう趣味はありません。

また、それ以前に、いくら好きなことであっても、三日も続ければ飽きてしまうのではないか、と思っています。

どうしたらいいか、書店で「定年後の生き方」といったハウツー本を数冊買って、読ん

でみましたが、あまり参考にはなりませんでした。

このままだと、定年後は無為徒食の日々を送り、いずれ死んでいくことになりそうです。そうなると、なにか結局、つまらない人生を送ってしまったようで悔いを残しそうです。

今のところ、生活費は退職金、預貯金、年金などでなんとかやっていけると思います。「ぜいたくな悩み」と笑われるかもしれませんが、まわりに同じような悩みを持っている人がたくさんおります。

平均寿命まで十数年もあります。どうかよいアドバイスをお願いいたします。


（会社員　男性　五九歳）

A.「すること」より人間関係の問題

定年退職まであと半年。会社を辞めた後にすることが思いつかないという悩みは、日本のサラリーマンによくある悩みかもしれません。

少なくともひと頃前までは一つの会社に長く勤めるのが当たり前でした。そのために、会社での仕事が人生の大半を占め、人間関係も仕事を通したもの以外になくなってしまいます。

井伏鱒二の『山椒魚《さんしょううお》』という小説があります。山椒魚は「まる二年の間」自分が発育しているのを忘れていたために、彼の棲家《すみか》である「岩屋」の外に出てみようとしても「頭が出口につかえて外に出ること」ができなくなり、悲しみに暮れます。

あなたも、会社で一生懸命働き、気づいたら外で何をしていいか分からず、会社という「岩屋」の外に出るに出られなくなっています。

話は続きます。山椒魚は、岩屋にまぎれこんできた一匹の蛙を閉じ込めてしまいます。互いに「お前はばかだ」とののしり合う毎日。お互いに弱みを見せまいと「自分の嘆息が相手に聞こえないように」注意します。ところが、二年もそうして過ごしているうちに、蛙は不注意にも嘆息をもらしてしまいます。

山椒魚は「友情を瞳にこめて」蛙に「降りて来てもよろしい」と呼びかけますが、蛙は「空腹で動けない」「もうだめなようだ」と言います。山椒魚は「お前は今どういうことを考えているようなのだろうか？」と尋ねると、蛙は「今でもべつにお前のことをおこってはいないんだ」と答えます。

山椒魚と蛙のように、互いにぶつかり合う人間関係が友情を生みます。あなたにとっての問題は、実は定年後に「することがない」ことにあるのではなく、会社を定年退職すると終わってしまう、表面的な人間関係しかないことにあるのではないでしょうか。

といって、会社以外でいきなり新しい人間関係を作れと言っても難しいでしょう。会社の同期や先輩、あるいは学校の同窓生でもいいですから、じっくりと話してみてはいかがでしょうか。

そこでは、もう会社も地位も関係ありません。同じような人生を歩んできた人間同士です。山椒魚が最後につぶやいたように「お前は今どういうことを考えているようなのだろうか？」と問いかけてみるのです。同じ境遇にある人の人生と謙虚に向き合うことで、新たな人間関係の広がりや、することが見えてくるかもしれません。

Q. 孫世代のため何ができます？

私は今年喜寿（七七歳）で、八歳と五歳の孫がいます。

いま私が気になって仕方がないのは、この孫たちが将来どのような社会で生きていくのか、ということです。

人口の年代別構成は、かつてはきれいなピラミッド型をしていましたが、現在はつぼ型になり、五〇年後には逆ピラミッド型に近づくと推測されます。

これは一体、どのような社会になるのでしょうか。

一口に少子高齢化といいますが、少子化と高齢化は別の問題です。実現できるかどうかは別にして、若い人の年収を三〇〇万円以上にして、保育園の整備など、安心して子育てができる環境を作れば、子どもの数は増えていくでしょう。

しかし高齢者を減らす方法はどう考えても思いつきません。まさか『楢山節考』の世界に戻ることはできないでしょう。

私は特別養護老人ホーム（入居者のほとんどが認知症の高齢者です）で傾聴ボランティアをしていますが、このところ、ホームへの入居待機者は増えるばかりです。

高齢化だけではなく、一〇〇〇兆円を超えるであろう国債のつけを孫たちの世代に背負わせるのも私たちの世代です。

私の平均余命はあと七年ほど。この余生で、孫たちの世代に何ができ、何をしなければならないのか、金子先生のご意見をうかがえれば幸いです。


（男性　七七歳）

A. 吉野源三郎の言葉を噛みしめるとき

相談者は「孫たちが将来どのような社会で生きていくのか」と悩んでいます。私も同じことを考える毎日です。

この国では、一九九〇年代の不良債権処理問題から福島第一原発事故まで、経営責任も監督責任も問われません。財政赤字は約一〇五〇兆円、国内総生産（GDP）の二倍に達します。戦時中と同じです。何万年も保管が必要な使用済み核燃料のプールは近い将来満杯になるのに、原発を再稼働させようとしています。これらを負担する若者の約四〇％は失業者か非正規雇用になっています。そして「国防軍」を作ろうとしているのは私たち世代ですが、それで死ぬのは若者です。

最近、吉野源三郎の**『君たちはどう生きるか』**を読み返しました。この本は盧溝橋事件が起き、日中戦争が始まった一九三七年に「次の時代を背負うべき大切」な少年少女を「時勢の悪い影響から守りたい」と書かれたものです。

主人公のコペル君に向けて次のように書きます。

人間が「心に感じる苦しみやつらさ」の中でも、「一番深く僕たちの心に突き入り、僕たちの眼から一番つらい涙をしぼり出すものは、――自分が取りかえしのつかない過ちを犯してしまったという意識だ。自分の行動を振りかえって見て、損得からではなく、道義の心から、「しまった」と考えるほどつらいことは、恐らくほかにはないだろうと思う」。だから「たいていの人は、なんとか言訳《いいわけ》を考えて、自分でそう認めまいとする」と書いています。

バブル崩壊以降の「失われた二〇年」の間に、景気対策や金融緩和で金をだぶつかせ株価をつり上げては、根本的に解決しなければいけない問題を先送りしてきました。今も同じです。そういう中で、目先の「損得」にとらわれず、孫世代の社会を案じるあなたは、人間であることを決して忘れない立派な方だと思います。

コペル君のおじさんはコペル君にこう呼びかけます。「お互いに、この苦しい思いの中から、いつも新たな自信を汲《く》み出《だ》してゆこうではないか、——正しい道に従って歩いてゆく力があるから、こんな苦しみもなめるのだ」と。

吉野源三郎のこの言葉を嚙《か》みしめるべきときなのかもしれません。あなたも私も含めて一人ひとりの力はささやかですが、できうる限り若い世代のために残すべき社会とは何かを考え、主張し、行動して人生をまっとうすることが、人間であることを失わない道ではないでしょうか。

Q. 震災の犠牲者に思いがいきます

七四歳になるジイサンです。年をとると涙もろくなると言われますが、私も、東日本大震災のあとから何かにつけてすぐ涙ぐみ、沈んでしまいます。動物も植物も予想だにしなかった災難に遭遇し、尊い命をなくして本当に悔しかったでしょう。

しばらく、勝手に命をいただいていいのかと肉や魚が食べられませんでした。お互いに助け合った話や、救助隊の活躍の話にも涙が出てしまいます。

いまでも毎日のように新聞を読んで、事故に巻き込まれて亡くなった社会面の記事や、短歌、俳句欄のうれしいこと、悲しいこと、心温まることに出会うたびに涙ぐんでしまいます。

震災関連の番組は見ていられず、チャンネルを変えてしまいます。目頭を押さえていると、家内から、体の具合でも悪いのかと心配顔でのぞき込まれ、困惑されることもありま

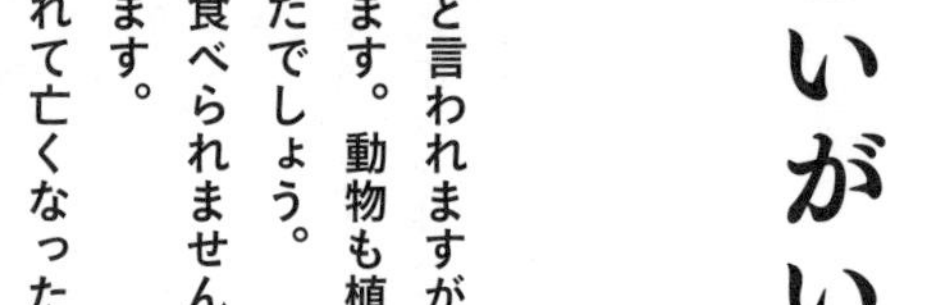

す。

人生も終盤になり、ゴールも見えてきました。三五歳で戦死した父親。父亡き後、二人の子どもを、小説を地で行くような苦労をして育てた母は、これから残りの人生を楽しもうとしていた五九歳で病死しました。

最近、両親よりもずいぶん長生きしている自分が、何か申し訳なく思え、震災の犠牲者に思いがいってしまいます。気持ちを入れ替え、残りの人生を明るく過ごそうと気をとりなおそうとしますが、なかなか沈んだ気持ちが切り替えられません。

（男性　七四歳）

A. このまま「陳腐な悪」に染まらないで

私も最近、あなたと似たような気持ちに陥ることがあります。戦争が終わって中国北部から命からがら逃げ帰った父親は、私が子どものころ、何度か失業や転職をしました。その父も六五歳で、院内感染であっけなく他界しました。あと数年で私も父の年齢に届こうとしています。

その間に大学院時代の友人を四人も失いました。父や友人のことを思うと、あなたと同じように、「ずいぶん長生きしている自分が、何か申し訳なく思え、震災の犠牲者に思いがいってしまいます」。

最近(二〇一三年)、特定秘密保護法が成立し集団的自衛権の解釈改憲が行われて、改めてハンナ・アーレントの**『イェルサレムのアイヒマン——悪の陳腐さについての報告』**を読み返しました。彼女は透徹した論理で、ユダヤ人を強制収容所に移送した責任者であるアイヒマンの裁判を分析します。

彼女によれば、アイヒマンは検察側が主張する「倒錯したサディスト」ではなく「実に多くの人々が彼に似て」おり、「恐ろしいほどノーマル(正常)だった」。そして彼女は、アウシュビッツ強制収容所の大虐殺において、アイヒマンは「ちっぽけな歯車」でしかなかったという弁護側の主張も、「事実上の原動力だった」という検察側の主張も退けます。アイヒマンは「無思想性」ゆえに「自分の昇進にはおそろしく熱心だったということのほかに彼には何らの動機もなかった」。そして「想像力の欠如」によって、「彼は自分のしていることがどういうことか全然わかっていなかった」。

アーレントがアウシュビッツの大虐殺をみて行き着いたのは、ごく当たり前の「悪の陳腐さ」でした。そう考えると、誰でもアイヒマンになりうるのです。しかし、東日本大震災によって最も苦難に置かれている他者のことが頭から離れない、あなたはそうではありません。

私たちの前に、重い問いが立ちはだかっています。史上最悪の環境汚染に襲われ、今なお一三万～一四万人が故郷を失いかけている福島を、なぜ私たちは忘れてはいけないのでしょうか。他者について考えることをやめ、自らのまわりのごく当たり前のことを繰り返す「陳腐な悪」に染まったら、内なるファシズムに負けてしまうからです。

どうか「沈んだ気持ちが切り替えられません」と、悩まないでください。

アーレントがいうように、自分に何ができるか、考え抜いてください。

Q. 青春の工事現場訪ねる五〇年

私は七一歳。妻とは高校時代に知り合い、二三歳同士で結婚しました。妻はやさしく、この五〇年間、ケンカというものをしたことがありません。

三人の子は自立し、長男が近くに住んでいます。小・中学校に通う孫と嫁は学校帰りに(うちに)寄ります。私たちは年金や貯金で暮らしていますが贅沢しないので、十分です。

私は、自分がおかしいのではと思うことがあります。

当時の国鉄の建設部門に就職し、最初の現場は東北のトンネルや鉄橋でした。青春のまったただ中で仕事も楽しく、社会も楽しかった。結婚はこの現場から帰ってからしました。

それから五〇年。私は今もその現場が懐かしく、年に二回は訪ね歩いています。自分が設計、施工にかかわったトンネルのコンクリートをたたき「大丈夫、元気だな」と声をかけます。

当時、現場の宿舎のラジオから流れてきたのは水原弘の「君こそわが命」で、昭和四二（一九六七）年の二月二〇日ごろだった、とその場所を通るたびに思い出します。記憶はしっかり残っていて、駅前の古い旅館、雨に煙る山河、何も当時と変わりません。ああ来て良かったとしみじみと思うのです。涙を流しても、昨日が返らないことは分かっています。でも、五〇年間、私はその現場を旅しているのです。妻は喜んで送ってくれます。私はやはりおかしいでしょうか。

（男性　七一歳）

A．残りの人生で「高尚な生涯」を

あなたは、五〇年間にわたって、かつて設計や施工にかかわったトンネルに毎年二回は訪れ、コンクリートをたたいて今も大丈夫かと確かめ続けています。

たしかに五〇年間は長いですが、この仕事は若いときに希望に満ちて取り組んだ本格的な仕事であり、初心を思い起こさせるからでしょう。

それゆえにこそ、かつての自分の仕事がしっかりしたもので、今も人々に役立っていることを確かめたいと思うのは自然です。

内村鑑三は**『後世への最大遺物』**の中で、「私はここに一つの何かを遺して往きたい。それで何もかならずしも後世の人が私を褒めたってくれいというのではない、私の名誉を遺したいというのではない、ただ私がドレほどこの地球を愛し、ドレだけこの世界を愛し、ドレだけ私の同胞を思ったかという記念物をこの世に置いて往きたい」と思う気持ちを「美しい考え」だと述べています。

そして後世に遺すものとして、内村は、お金を遺して慈善事業をすること、水害を防ぎ田畑を灌漑《かんがい》するような世に役立つ土木的事業を成し遂げること、そして文学や教育を通じて思想を遺すことをあげています。あなたの成し遂げた仕事は、まさに内村のいう二番目の「事業」に当たります。

昭和四二(一九六七)年といえば、ちょうど高度経済成長の最中、次々と鉄道や高速道路が全国を結びつけ、それによって全国各地に工場や企業が立地して地域の人々を豊かにしていった時代です。今と違って、公共事業が世の中の人々のニーズに応え、役立っていた時代です。十分に誇りを持ってよいことだと思います。

ちなみに、私の仕事は内村のいう三番目に当たりますが、私にはいまだに何かを遺した達成感がないのです。羨ましいかぎりです。

続いて内村は、これら三つは誰にでもできるわけではなく、「誰にも遺すことのできる最大遺物」は「勇ましい高尚なる生涯」であると言います。あなたが達成した事業はすばらしい後世への遺物ですので、それで十分かもしれません。しかし、あなたの生涯はまだ終わっていません。

初心に立ち返りつつも、まだやるべきことはないか――「勇ましい高尚なる生涯」を遺すために、これからも世の中を少しなりとも善くしていくために何ができるかを考えてみることも大事ではないでしょうか。さらに充実した人生を送れると思います。

Q. アメリカが今でも憎くて

私は八五歳の男性です。東京の下町、深川の生まれです。

一九四五(昭和二〇)年三月一〇日、米軍の東京大空襲のとき、私は家から逃げて、お寺の庭に埋めてあった防火用水槽に入り、助かりました。

朝、家に帰る道の端には、たくさんの人々が黒こげになって、死んでいました。

それから七〇年たっても、いまだに私の頭からは、その光景が離れないのです。亡くなられた方がかわいそうで、仕方ないのです。それがために、いまだに私はアメリカが嫌いで、アメリカ人が大嫌いです。

国際情勢がずいぶんと変わり、いまは日本もアメリカに頼らなければいけない事情があるのは分かります。ただ、いつぞや(二〇〇一年)の九月一一日の同時テロによるアメリカ襲撃が起きたとき、私はその様子をテレビで見ていて、ざまあ見ろというにも似たような気持ちを持ち、心の中で叫んでしまいました。

私は不謹慎な人間です。

しかし、戦時中に私のような思いを経験した人間はいま、どう考えているのか、知りたいと思います。知り合いにこういった気持ちをもし話したら、「お前はバカじゃないのか」と言われると思います。

私もこの年ですから、もうあと長くはありません。自分の気持ちを整理できないまま、死にたくはないのです。見識ある方のご指導をお願いいたします。


（男性　八五歳）

A. 戦争が生む加害者、被害者の両面性

東京大空襲で亡くなられた近所の人を「かわいそう」と思う気持ち、つまり、殺された隣人を愛する気持ちが、あなたの中ではアメリカを憎む気持ちに直接結びついています。

ですが、死者を悼むのは「個人として（たとえば隣人の）日本人を愛する気持ち」から、のは

ずです。それを、日本という国を攻撃したアメリカ、アメリカ人への憎しみに変えてしまうのは、戦争を「国対国」の枠組みでとらえているからではないでしょうか。

それに先の戦争では言うまでもなく、日本人は被害者であると同時に加害者です。あなたが中国人なら、日本人への憎しみは消えないでしょう。人は他人を殴ったことは忘れがちですが、殴られたことは忘れないものです。

在日韓国人の作家つかこうへいの小説**『広島に原爆を落とす日』**があります。

朝鮮の李王朝の子孫である犬子恨一郎少佐が主人公。恨一郎は、瀬戸内に浮かぶ髪島の、間者(スパイ)の家系である髪一族の娘、百合子を愛します。実は、百合子の父は、李一族を滅ぼすために、恨一郎の義父と父を暗殺した人物です。

在日朝鮮人の主人公は、「生まれた国」と「育った国」の「どちらが祖国」とは思えません。そして「百合子の美しさこそ祖国」だと思い、愛する彼女のために戦っていくことを決意します。

彼は、朝鮮人だと蔑《さげす》まれながら、真珠湾の奇襲攻撃を計画して実行。百合子をヒトラーのもとに工作員として送り、ドイツにアメリカへの宣戦布告をさせます。恩師を罠にかけ、共産党員の友人を売り、朝鮮で抗日運動をする叔父を死に至らしめ、やがて細菌兵器を使う七三一部隊を指揮。ついには戦争を終わらせるため、恋人の百合子が住む広島に、原爆を落とすボタンを押す役を引き受けるのです。

つかが、この不条理な物語で問うたのは戦争の意味です。「祖国」を持たない恨一郎は、国のためではなく、愛する百合子のために戦うにもかかわらず、逆に愛する者たちを次々と殺さざるをえなくなる矛盾に陥ります。

この逆説は、戦争という暴力の応酬が憎しみを生み続けるため、戦争を止められなかった人間が被害者になると同時に加害者にもなってしまうことを暗示しています。

戦争とテロの応酬が繰り返され、多数の一般市民が犠牲になる現在も同じです。和平への努力を続けなければ、恨みと暴力の連鎖を断ち切れないのです。

◆この章で取り上げた物語一覧◆

「山椒魚」井伏鱒二『山椒魚・遙拝隊長　他七篇』岩波文庫ほか
『君たちはどう生きるか』吉野源三郎、岩波文庫
『イェルサレムのアイヒマン——悪の陳腐さについての報告』ハンナ・アーレント、大久保和郎訳、みすず書房、一九六九年
「後世への最大遺物」内村鑑三『後世への最大遺物・デンマルク国の話』岩波文庫ほか
『広島に原爆を落とす日』上下、つかこうへい、角川文庫ほか

3

リスクと備え

思い起こせば、高度経済成長時代には多くの人が「何とかなるさ」という気持ちでいました。漫画の『鉄腕アトム』(手塚治虫)に象徴されるように、科学技術に対する信仰のようなものが支配し、このまま日本経済はどこまでも発展していくのではないか、と考えられていたからでしょう。もちろん失業したり、生活苦に陥ったりする人はいましたが、多数の人は、贅沢を言わなければ、職業を見つけられたし、多少回り道をしても許されるような社会的雰囲気がありました。今のように若い人で正社員になると、せっせと貯金に励むなんてことも少なかったように思います。結婚して貯金に励むのは、マイホームを持ったり、子どもの教育や結婚に備えたりするためでした。そして、いったん会社に勤めれば、そのまま働き続けられましたので、その目的を達成する人生設計も比較的容易に立てられました。

しかし、高度経済成長の時代が終わり、会社が簡単にリストラをするようになると、そうはいきません。人生はしばしば「予想」を超えた事態に直面するようになります。とくに心配性の人は縮こまってしまいます。加えて、突然に巨大リスクが襲うようになりました。それは天災であったり人災であったりします。この二〇年ほどの間、阪神・淡路大震災、東日本大震災、熊本大地震など地震や津波など災害に襲われたり、福島第一原発事故のような人災が起きたり、ほぼ一〇年おきにバブルの崩壊が繰り返されて金融機関や企業が倒産し、多くの人が解雇されたりしてきました。いまや私たちは巨大リスクが当たり前のように発現する世界に生きています。地球温暖化や財政破綻のように、今すぐ起きそうにはないが、いずれやってくる大きな破滅的リスクもあります。

社会全体で少なくとも人災を防ぐこと、セーフティーネットを含む制度やルールを整えていくことが必須になります。と同時に、人が生きるのに、それをどこまで「予想」して備え、そしてリスクが発現したときにどう対処すべきかという心構えが必要になってきます。

Q.「第二の人生」どうすれば？

昨年、還暦を迎えた男性です。四八歳のときに最初の会社を辞め、それから転職して定年まで働こうと頑張りました。

まわりには第二の人生を満喫しようと定年まで頑張った人もいますが、私にはそのような感覚がないのです。第二の人生という言葉がピンときません。

第二の人生って何なのでしょう。仕事で我慢してできなかったことをやることでしょうか。高額のカメラを得意そうにぶら下げて歩いたり、誰も読んでくれないような自分史を書いて満足したり、少ない資産を増やそうと株にはまったりすることが第二の人生なのでしょうか。

そんなことは定年を待たずともできたはずですし、「第二の人生だからやる！」ことでもないと思います。そんな私ですから、還暦を過ぎても特段やりたいこともありません。

無事六〇歳を迎えただけでももうけもので、残りの人生に何かを賭けるという意欲もわきません。

ただ最近、「このままでいいのだろうか」という焦りを感じています。毎日不規則な生活を続け、身体に良くないとは思っても運動もせずに晩酌を楽しんでいます。時々発奮して園芸やバードウオッチングをするのですが、熱しやすく冷めやすい性格で長続きしません。妻の厄介者にもならず、どうすれば有意義な人生を今後過ごせるでしょうか。情けない話ですが、ご教示ください。

（男性 六〇代）

A.「第一の人生」で悩む若者から

相談者は、定年退職した周囲の人たちが送っている「第二の人生」に満足できず、残りの人生をどのように生きたらよいか悩んでいます。

「第一の人生」に立ち返って考えてみるのも一つの方法です。戦後最年少で直木賞を受賞した朝井リョウの小説『**何者**』は、学生劇団や音楽サークルで自己表現を追求してきた学生たちが、「会社」に入ることへの抵抗感や違和感を抱えながらも就職活動をする姿を描いています。登場人物の一人、隆良は、「就職するタイミングも自分の人生のモットーも何もかも、会社のほうに合わせていくなんて、そんなの俺は耐えられない」と言います。

就職活動が佳境にさしかかった頃、同じ就活をする瑞月《みづき》という女子学生に「したこともないくせに、自分に会社勤めは合ってない、なんて、自分を何だと思ってるの？　会社勤めをしている世の中の人々全員よりも、自分のほうが感覚が鋭くて、繊細で、感受性が豊かで」と思っているのだろうと問いつめられ、「そんな言い方ひとつで自分を守ったって、そんなあなたのことをあなたと同じように見てる人なんてもういないんだよ」と批判されます。「十点でも二十点でも」いいから、「これまでやってきたことをみんなに見てもらいなよ。自分とは違う場所を見てる誰かの目線の先に、自分の中のものを置かなきゃ」。

劇団での脚本書きを辞め、就職浪人する拓人も、「何者」というアカウントで友人の一挙一動を批評しているのがばれて、理香に同じように批判されます。「あんたは、誰かを観察して分析することで、自分じゃない何者かになったつもりになってるんだよ」「痛くてカッコ悪い今の自分を、理想の自分に近づけることしかできない。みんなそれをわかってるから、痛くてカッコ悪くたってがんばるんだよ」と。

小説の女性たちは「第一の人生」の入り口で、等身大の自分に立ち返って、他人を批評する観察者ではなく、「カッコ悪くても」あがきながら、他人との関係の中で、理想の自分に近づいていこうとしています。「第二の人生」の入り口にいるあなたにも、有効ではないでしょうか。

他人はどうであれ、小さな会社でもＮＰＯやボランティアでもいい、自分が何をしてきて、これからは自分に何ができるのかをじっくり考え、再出発を始めてはいかがでしょうか。「第一」も「第二」も同じだと思います。

Q. 財産が紙クズにならない？

七九歳の女性です。

二歳のときに父を戦争で亡くして、母は四人の子どもとともに残されました。昭和一二(一九三七)年のことで、国から私たち遺族に払われたお金は一四〇〇円だったそうです。これで子どもを教育しようと、母は、父亡き後の寂しさを私たちの成長に希望を託すことで埋め、がんばって育ててくれました。

それが昭和二〇(一九四五)年に終戦となり、持っていた戦時国債はただの紙切れも同然となってしまい、わが家の貧困生活が始まりました。

あれから私たちは一生懸命働き、(私は)結婚して二人の子どもにも恵まれました。子どもたちもそれぞれ結婚して、東京とさいたまに住んでおります。孫も今年大学を卒業して就職します。

私たちは主人の年金と少しの蓄えがあるので、今のところ心配はないのですが、国の一〇〇〇兆円もの借金のことを考えると、この先インフレになり、貨幣価値が下がる以外に借金地獄から抜け出す方法はないのではないかと思うのです。

老後のためにこつこつ蓄えた虎の子の国債がパーになったような状態にはもうならない、と誰が保証してくれるのでしょうか。母のあの悔しそうな顔が時々脳裏をかすめます。平均寿命が延びて、喜んでばかりはいられないような気がします。私は取り越し苦労をしているのでしょうか。

（女性　七九歳）

A．個人的努力を積み重ねておけば

あなたは、国の借金が一〇五〇兆円にもなり、戦争直後の物価が高騰するハイパーインフレと同じ状況にならないかと心配しています。

実際に、国内総生産（GDP）の二倍以上の財政赤字は、第二次大戦中とほぼ同水準です。これほどの規模の財政赤字を平時に返した実例はほとんどないので、あなたの心配に根拠がないとは言えません。

ただし歴史的に見ると、ハイパーインフレは、すぐに起きるものではなく、物が極端に不足するときに起こりやすくなります。たとえば、ひどい物不足になった戦争直後や一九七〇年代の石油ショックなどがそうです。その意味で、また戦争でも起きたらと思うと、最近の日中関係の緊張が不安です。

物価が急上昇するハイパーインフレが起きたら、国債の価値が大きく目減りして国の借金は軽くなります。他方、個人の現金や貯金も目減りし、資産だけでは食べていけなくなります。

あなたのご家族が貧困に陥った戦争直後の時代に書かれた太宰治の小説『斜陽』には、そういう描写がたくさん出てきます。

『斜陽』に登場する没落する貴族の一家は、貴婦人の最後の一人である母、離婚した姉のかず子、南方から帰還して麻薬中毒になった直治の三人です。

一家は、終戦直後に東京の西片町の自宅を売り払い、伊豆の山荘に移ります。地下足袋をはいて畑を耕すような生活が始まり、疲れたかず子が家を出て行くというと、母は「二人の着物をどんどん売って、思い切りむだ使いして、ぜいたくな暮しをしましょうよ」と言います。

その母も結核にかかってしまいます。このままでは親子三人生きていけそうにないと、かず子は小説家の上原の「押しかけ愛人」になり、あなたの子どもを産みたいと手紙を送ります。その上原も結核にかかっていましたが、かず子が上原と結ばれたその日に、弟の直治が自殺して物語は終わります。

この小説には、ハイパーインフレで食料の値段が高くなり、生きていけなくなる時代の困難が色濃く影を落としています。日本は食料自給率が極端に低いので、今でもそうなりやすい条件はそろっています。心配は心配として、普段から、農家から直接、農産物を買うように心がけるなど個人でできることを積み重ねておくのが、意外に大事かもしれませんね。

Q. 心配性で「切り替え」したい

五〇代の会社員です。

年をとるごとに、心配性になってきました。

昔は気にしなかった小さな失敗をくよくよと悩んだり、子どもの将来を悪く悪く考えたりすることが増え、いつでも何かを心配しています。結局ずるずると、いつも後ろ向きが基調になっているような気がします。

友人に飲み屋話で打ち明けたところ、「それは悪いことではない」と言うのです。彼が言うには、私が思っている心配性は、起こるかもしれない悪いことに備えている態度で、サラリーマンが仕事をするうえで、何か最悪のことが起きた場合はこうする、ああする、というふうに「リスク」に備え、その非常時にも対応できるように準備しているのと同じだというのです。そして、「むしろおまえに必要なのが切り替えじゃないか」と言います。

切り替えとは、やたらに後ろ向きにならずに気分を切り替えて次に備える心の持ちようのことで、彼は毎日何分間か朝、瞑想《めいそう》することで、まったく新しい気分で一日を迎えられると言うので、私もやってみたのですが、うまくいきませんでした。

ふと気づけば、プロ野球やサッカーの選手などがインタビューでよく「切り替えて頑張ります」と言っています。どうしたら気分を切り替えられるのでしょうか。くよくよと心配しないですむのでしょうか。

（会社員 五〇代）

……………………

A.「正しく心配する」ことこそ必要

あなたは心配性と悩んでいますが、友人の、むしろ気分の「切り替え」が必要だとの助言を受け、その方法を知りたい、と考えています。

心配性（リスク管理）と気分の切り替えは、別々に存在するのではなく、ある意味ひとつながりです。グリム童話の**「ヘンゼルとグレーテル」**が、まずリスクに正しく備える方法（正しい心配の仕方)を教えてくれます。

ヘンゼルは、飢饉で食べ物がなくなった継母《ままはは》が、子どもたちを森に置いてきぼりにしようと木こりの父に話しているのを知ります。そこで、ヘンゼルは月に光る「白い小砂利」を集めておきます。そして、森に連れて行かれるときに、道に落としていきます。兄と妹は、これを目印に無事家に帰ることができます。

継母は再び、兄妹を森に置き去りにしようとたくらみます。今度は家に閉じ込められ、白い小砂利を集められません。そこで、ヘンゼルはパンをちぎって道に目印として落としていきますが、パンは鳥たちが食べてしまいます。

魔女がしかけたワナのお菓子の家で捕まり、魔女は兄妹を食べようと鍋に湯を沸かします。魔女はグレーテルに「パンを入れてもいいように火がうまくまわってるかどうだか、よくみてくんなよ」と命令。グレーテルは危険を察知し、魔女に巧みに持ちかけてパン窯にあたまを突っ込ませると、後ろから突き、逆に焼き殺してしまいます。兄妹は魔女の財宝を持ち帰ると継母は死んでいて、父と楽しく暮らします。

兄妹の行動を振り返ると、まず継母の話から情報収集して事前にリスクを確定し、それに備える手段をとり、さらに次善の策まで想定します。それでも最悪の事態に陥ったときには兄妹が協力します。

この教訓は、リスク(心配)を共有し、協力し合えるパートナーを持つことの大事さです。一人で背負わず、普段から周囲に心配ごとを相談できれば、気持ちが楽になります。また最悪の状態を克服した先に、明るい未来を想像できれば楽天的になれます。

ただ私には、誰にでも「切り替え」を可能にする、何か秘密のアイデアがあるとは思えません。むしろ、むやみな心配ではなく、リスクを考え、正しく心配し、リスクを克服した先の明るい未来を想像する、その準備が人に「切り替え」を促すエネルギーを与えるのではないかと、思っています。ですから、「切り替え」の方法ではなく、過不足なく「心配する」こと、その準備をすることが大事なのではないでしょうか。

Q. お金をストレスなく使えません

三〇代後半の独身女性です。

私はお金を気持ちよく使うことができません。自分で稼いだお金なのですが、必要な物を買うのもあれこれ悩みます。

たとえば、仕事で疲れたときなどはご飯をつくらずに出来合い物を買ったりもしたいのですが、お金のことを考えて躊躇《ちゅうちょ》したあげく、やめてしまうことが多々あります。自分のレベルアップのためやりたいことがあってもお金のことを考えて、二の足を踏んでしまいます。

学生時代は、それこそもらった小遣い以上に散財し、妹にもお金を借りて欲しい物を買っていました。入学祝いでもらった大金で、何も考えずに欲しい物を買ってすぐ使い果たしたことが今でも悔やまれます。

今もその性格は直っておらず、欲しい物があったら初めは我慢しても結局買ってしまうことがありますが、普段、お金を使ってはいけないというストレスがあるので、そういうときは自分のタガがはずれるのかもしれません。

将来は一人で老後を過ごさなくてはなりません。そのために少しでも貯金を、と思って、普段は自分で歯止めをかけているような気がします。

自分としては、節約家というより単なるケチだと感じるのでしんどい時もあります。必要なものにはストレスを感じずに、惜しみなくお金を使うためにはどうすればよいでしょうか？

（女性　三〇代）

A. お金の悩みの背後にあるのは

あなたの悩みは、個人的な問題のようでも、今の女性全般の生きづらさを代表しています。

一般的に女性が一人で生きていくには給与は低すぎ、昇進の機会も限られています。社会保障の不安もあります。将来を考えて節約に努めれば、自由にお金を使えないストレスで、つい自分をケチだと感じてしまうのです。

結婚するにしても、いまや旦那に長期雇用と一定の収入があることを前提に、専業主婦になれるのはごく一部。結局、大金持ちのセレブになるしか、惜しみなくお金が自由に使えるような立場にはなれないのです。しかし、突然セレブになるようなシンデレラ・ストーリーなんて現実にはありません。

よく知られている**「シンデレラ」**も、実はうさん臭い物語だと思います。

魔女がかけた魔法の時間切れでカボチャの馬車やドレスが消えたのに、なぜ舞踏会で脱げたガラスの靴だけが残ったのか、謎のままだからです。魔法が消えたなら、ガラスの靴も消えるはずです。

私の考えでは、魔女があらかじめガラスの靴だけ残るように仕掛けていたのです。そしてシンデレラに、舞踏会の途中で帰り、わざとガラスの靴だけは置いてこいと持ちかけていたのでしょう。

普通なら、脱げたガラスの靴をすぐに拾って裸足で走って逃げると思いませんか。

では、魔女はなぜシンデレラにそう指図したのでしょうか。実は、魔女の正体は死んだはずのシンデレラの実母で、継母と連れ子の姉にいじめられているシンデレラを救い、王子に見初めさせようとしていたのです。こう考えると、シンデレラが魔女の言うことを素直に聞くのも、うなずけます。

要するに、魔法でも使えない限りあり得ない話だからシンデレラ・ストーリーなのです。ある日、結婚でセレブになることなど現実にはありえません。だから、お金が自由に使えないというあなたの悩みはごく当然のことで、それよりも、あなたは気づかないけれど、人生の選択肢そのものが限られているという問題が本当の悩みとして、背後にあるのではないでしょうか。

三〇代後半は、人生の一つの転機です。結婚や仕事を含めて、自分の人生をどう選ぶのか、一回考え直す時期なのかもしれません。人生の目標を持てないまま、自由にお金が使えるようになることだけを考えても、いつまでもお金を楽しんで使う気持ちにはなれないような気がします。

◆この章で取り上げた物語一覧◆

『何者』朝井リョウ、新潮文庫
「斜陽」太宰治『斜陽　他一篇』岩波文庫ほか
「ヘンゼルとグレーテル」『完訳　グリム童話集㈠』金田鬼一訳、岩波文庫ほか
「シンデレラ」『完訳　ペロー童話集』新倉朗子訳、岩波文庫ほか

4

距離と親密
――親子の関係

家族、とりわけ親子の関係は、「無償の愛」から成り立っています。人と人の間の関係を利得や貨幣に結びつけて考える通常の経済学では、実は一番扱いにくいのが家族、とりわけ親子関係の問題です。お互いに利害打算がないことで、あるいは自分の効用をも譲り渡すことによって親子関係は成り立っているからです。親か子どものどちらかが家庭外で人間関係がうまくいかなかったり、自己実現が図れなかったりするとき、しばしば親子は最も許し合える関係であるがゆえに、互いに支えたり励ましたりします。しばしばそれが勇気を与えてくれます。しかし逆に、親子関係をおかしくしてしまうこともあります。

今の日本社会では、社会が荒れ人間関係が壊れる局面に満ちあふれています。どちらかがうまくいかなくなると、お互いに無償の愛を過剰に期待するようになります。折れそうな心を支えてほしいという願いです。しかし、その期待が裏切られると、よその家族とは違っているのではないかと不満をいだくようになります。やがて親子が互いに甘えて当たり散らすことも起こります。ひどい場合には、無償の愛は「何をしても許される」に転化し、家庭は社会から閉ざされていて法的処罰を受けにくいので、虐待のような行為が起きることもあります。

問題の解決は簡単ではありません。血のつながりがある親子関係において、無償の愛は互いの距離に反比例することがあるからです。一般的に距離が遠くなればなるほど、互いの人間関係は希薄になります。夫婦や恋人でも距離が離れれば離れるほど弱まっていくのが一般的です。ところが、距離が離れれば離れるほど、親子の情愛が強くなることがあります。血縁で結ばれた親子関係は無償の愛が当たり前とされがちですが、単に近くにいれば、無償の愛が深まるわけではないという点で多少厄介です。逆に言えば、距離が縮まれば縮まるほど、憎しみに変わることも起こりうるのです。親子関係ほど実は難しいものはありません。

Q. 両親の死が悲しめない

三七歳のパート勤務女性です。

昨年死んだ両親についての相談です。私は幼少から、母親から殴る蹴るの暴行を受けて育ちました。成長してからも愛情は乏しく、私の意見や考えは反対され、理解されませんでした。父親も私が成人する頃から態度が冷たくなり、侮辱された私は恐怖心を持っていました。

今、私は親を反面教師に、愛情をもって二人の子どもを育てています。今でも、なぜ両親が私に対して愛情や安らぎを与えてくれなかったのかと、こだわりが残っています。

両親の死に悲しみがわきません。追悼の念もわかず、墓参りにも足が向きません。代わりにあるのは、長期間の苦しみ、我慢、恐れなどからの解放感です。今まではつらかったからそう考えても仕方がない、これからは自分に正直に生きようと思います。私は自分を正当化しようとしているのでしょうか。

二人の兄たちは、墓前で両親にいたわりの言葉をかけます。私と同じような虐待を受けたのになぜそうできるのか、男女の違いなのか、理解できません。

何十年か先に、気持ちの整理がつき、親を許し、心から成仏を願う自分になれたらと思う気持ちがあります。それが今できない自分は親不孝者なのか、とも思います。

これから、どういう考え方で進んでいけばよいか、助言をお願いします。

（パート　女性　三七歳）

A．両親の「心の部屋」を想像しましょう

相談者は幼少の頃から、ご両親に「虐待」を受け、また自分の考えを否定された記憶が消せないでいます。そのため、ご両親に対して心から成仏を願う気持ちになれないことに悩んでいます。

「鶴の恩返し」という民話があります。老人が傷ついた鶴を救います。ある日、鶴は美しい

娘となって老夫婦の前に現れ、恩返しに織ったきれいな布は、高い値段で売れます。鶴は、老夫婦に機織り部屋をのぞかないように約束させますが、老夫婦は約束を破って部屋をのぞいてしまいます。鶴は自分の羽を抜いて布を織っていました。自分の醜い姿を見られた鶴は、老夫婦に別れを告げます。

機織り部屋を鶴の「心の部屋」だとしましょう。高価な布を織ってくれる親孝行の鶴は、表面上は、老夫婦にとってよい娘です。ところが「心の部屋」をのぞくと、実は老夫婦は鶴を傷つけていたことを知ります。そして、鶴は老夫婦に別れを告げます。老夫婦は鶴に対して、初めて許しを乞う気持ちになります。

ご両親の目からは、あなたも素直なよい娘だったのかもしれません。しかし、ご両親はあなたの傷ついた「心の部屋」をのぞくこともないまま亡くなりました。あなたは鶴のように、ご両親と別れることができないでいます。

本当の意味でご両親と別れるためには、「心の部屋」を自ら開くか、あなたがご両親の「心の部屋」をのぞくしかありません。

もしかしたら、ご両親はしつけと思い込み、「虐待」を自覚していなかったのかもしれません。あるいは、ご両親は何か悩みを抱えていて、そうしたのかもしれません。

しかし、ご両親はもうこの世におらず、あなたの「心の部屋」を見せることも、ご両親の「心の部屋」をのぞくこともできません。

もはや手がかりはお兄さんたちだけです。お兄さんたちに、自分の気持ちを話し、当時のご両親はどういう気持ちで「虐待」をしたのか、聞くしかありません。

あなたはご両親と同じ親になりました。もう一度、親の気持ちになって、当時のご両親の「心の部屋」を想像するのです。それは、人間として対等に親を見つめることを意味します。

人間は誰でも弱い部分を抱えています。あなたが、ご両親の「心の部屋」を想像できるようになったとき、初めてご両親を許し、別れを告げることができるのかもしれません。

Q. あの世で父を殴りたいです

私は九〇歳あまりですが、主人もまだ元気です。この世もしばらく続くと思いますが、あの世でもし父と会えるなら、大げんかがしたいのです。横面を張り倒し蹴っ飛ばしてやりたい。

長女の姉は父に似て美しく、私は色白ですが、丸々太っておたふくづらでした。父は私の顔をけなし、姉をほめ、修学旅行の大勢で写った豆粒ほどの顔を見て、鼻の低いのがわからなくてよかったねと言いました。

私が一番傷ついた言葉は、夫とけんかして離婚したいと帰宅したときの言葉。たった一人の男の機嫌もとりきらないのか。女郎は一晩五人も一〇人も手玉にとって、お前は女郎以下だとどなられたことです。親に口ごたえできない時代でした。経済力のない私は家に帰るより仕方ありません。結婚時は「死んでも家の敷居をまたぐことは許さん」と両親に

言われたのに、病気したとかケガしたとか言って手伝いを頼む。いやでも家の敷居をまたぐじゃないか、そうしなければ手伝いはできん。

この年になるといろいろな悔しさが思い出され、夜も眠れません。六人きょうだいで一人生き残り、今年は誰の何回忌とか、私一人でしています。もし死んで父にあったなら、大げんかしたいという思いだけは持っています。一回たたき返したい。男だから力では負けるけれど、蹴っ飛ばしてやりたい。こんな感情おかしいでしょうか。


（主婦　九〇代）

A. 生きる希望を与えられている面も

あなたは父親に器量が悪いと言われ続け、二度と敷居をまたぐなと言われたのに病気やケガのたびに呼び出され、結局、最後まで生き残り親きょうだいの法事をしてやっています。怒って当然です。

ただ一般に、人は年をとるにつれて枯れていき、人を許すようになるものです。ところが、あなたは逆に九〇歳になってから、あの世で会ったら父親の横面を張り倒してやりたいと、悔しさで夜も眠れないと言います。

復讐の気持ちは、どんな苦境でも生き抜く力を与える感情です。もしかしたら、その感情はあなたの生命力の証しなのかもしれません。

有名な復讐劇にアレクサンドル・デュマの**『モンテ・クリスト伯』**があります。船乗りのエドモン・ダンテスは、無実のまま一四年間も投獄され、獄中で知り合ったファリア司祭に学問を教わり、秘宝のありかを教えられます。

ダンテスはそれを元手にモンテ・クリスト伯爵となり、自分を陥れた人たちに次々と仕返ししていきます。恋人メルセデスを奪ったモルセール伯爵(漁師フェルナン)を死に追いやり、彼を陥れたヴィルフォール検事総長(検事補)の気を狂わせ、そしてダングラール男爵(会計係)を破産に追い込みます。

しかし、この物語は最後で救われます。彼の釈放を嘆願してくれた船主のモレルを助け、その息子マクシミリヤンと仇《かたき》のヴィルフォール検事総長の娘が恋に落ちると、その二人を結びつけてあげます。

そして、最後に手紙を残して去っていきます。その中で、モンテ・クリスト伯は「マクシミリヤンさん、生きることのいかに楽しいかを知るためには、一度死を思ってみることが必要です」と書きます。そして「待て、しかして希望せよ！」という言葉を贈ります。

あなたは親きょうだいをすべて失い、その法事をしてあげています。その中で、自分を邪険にした父親への怒り（復讐）の気持ちを持ち続けることで、実は生きる希望を与えられているのです。

ずっと先に、あの世でお父様とお会いしたら、お父様のことですから、きっと「ありがとう」とは言わないでしょう。でも、「ご苦労だったな」くらいの一言はかけてくれるに違いありません。そしてモンテ・クリスト伯がしたように、結局は復讐を思い止まるのではないでしょうか。

待て、しかして希望せよ。もっと長生きしてください。

Q. 娘が心配でしかたない私

八五歳の女性です。

一年ほど前に夫と死別し、現在は五〇代の娘と二人で暮らしております。

私は若い頃から苦労性で、いろいろ先のことを考えては心配する性格だったのですが、最近それが甚だしくなったような気がしています。

他人にはまったく気にもならないことでも、私は悪いほうへ、悪いほうへと考えがちで、心配でたまらなくなるのです。

たとえば、夕方買い物に出かけた娘が真っ暗になっても帰らないと、もう心配で心配でいてもたってもいられない。もしや交通事故にでもあったんじゃないか、強盗に襲われたんじゃないか、とあれこれ想像してしまいます。

そのうちにますます心配が増幅し、玄関を出たり入ったりしてうろうろ待ってしまう、その時間が長く感じられることったらありません。
無事に帰ってきた顔を見てほっとする、なんていうことは毎度のことになっています。
また、あってはならないことではありますが、もしや娘が先に死んでしまい、母親の私ひとり残されたらどうしよう、生きてはいられないと心配することしきりです。
杞憂《きゆう》を捨てて、楽天家になって人生を楽しく過ごしたい、と思っています。心配性、苦労性から脱却するいい方法がありましたら、ご教授ください。

（女性　八五歳）

• • • • • • • • • • • • • • • • • •

A. 心配が長生きの源かもしれませんが

もともと心配性なあなたは、夫と死別し、その症状がひどくなったと悩んでいます。いま、その心配がもっぱら向かうのは娘さんです。

心配性の親を題材にした落語に**「藪入《やぶい》り」**があります。奉公に出した息子の金坊が三年ぶりに家に帰ってきます。父親の熊さんはあれこれ先回りして心配して、最後は早とちりをしてしまう話です。

熊さんは金坊が帰ってきたら「あったけえめしを炊いてやんなよ」と言いながら、三時半から飯を炊けと女房に言います。ごちそうを食べさせたいと、納豆、しじみ汁、刺し身、天ぷら、ウナギ、みつ豆に汁粉と、次々と料理を命じます。そして一日で回れないくらい、あちこち行こうと言い出します。一晩中、なかなか眠ることができず、朝の四時半から普段はしない掃除を始めます。

そこへ、すっかり成長した金坊が帰ってきます。実は、金坊が心配で奉公に出したお店の外をうろうろして、そっと金坊を見ていたと打ち明けます。一緒に銭湯に行っている間、女房は金坊の紙入れに五円紙幣が三枚も入っているのを見つけます。心配性の熊さんは、すっかり他人のお金を盗んだと勘違いして金坊をなぐります。金坊は去年ペストがはやったとき、ネズミを捕って懸賞をもらったのだと説明します。そこで、「これもチュウ(忠)のおかげだ」というオチで終わります。

親はいくつになっても、子どもを心配するものです。あなたの場合、それが長生きする源なのかもしれません。

ただ「藪入り」では、熊さんは子どもが自立して生きていけるように奉公に出し、その成長を見守りながら心配しています。

あなたは一緒に暮らしているので、娘さんの成長に気づかないのかもしれません。娘さんはすでに五〇代です。あなたが娘さんを心配している以上に、あなたを心配しているかもしれません。あなたがいなくなったら、娘さんも独りぼっちになるからです。つらい言い方になりますが、その確率のほうが高いのではないでしょうか。娘さんを心配させないように、もっと自分を大事にすることを考えてみてはいかがでしょうか。

とはいえ、夫が他界したので、今は、熊さんのように子どもの成長を見守ってやれるのはあなただけです。ささいなことを心配するのではなく、夫の代わりに、娘さんが老後に一人でも自立してやっていけるように一緒に考え、応援してあげてください。

Q. 実家に足向かず、親不孝かも

四〇代の女性です。

私は親不孝者でしょうか。そう考える今日このごろです。

私が幼稚園の頃に、母が入院しました。当時、父は子煩悩な人ではなかったので、母に何かあったら……と毎日不安な日々を送っていました。

私の時間は、その時から止まっていたのかもしれません。これまでの私の人生は、母がすべて仕切ってきました。でも、それはもういいのです。

実家は自営業を営んでいます。会社の資金繰りがうまくいかなくなると、いつも私に「お金を貸してくれ」と言ってきました。二五〇万円も貸していた時期もありました。

問題は、私が、子どもたちが一八歳になったら手渡そうと思ってためていたお年玉貯金にまで実家が目をつけ、「返すから貸してくれ」と要求してきたことです。「貸さないなら、死んだほうがましだ」と脅すので、私は貸してしまいました。

昨年、長男が一八歳になり、このことを知っている彼が「返してくれるんだよね？」と実家に尋ねたら、「返せるわけない、まだ貸して欲しいくらいだ」。ショックを受けていました。

もちろん、貸した私が悪いのは分かっておりますので、今更親を恨むような気持ちはもうありません。ですが、すぐ目と鼻の先にある実家に、どうしても足が向きません。私は親不孝でしょうか。


（女性　四〇代）

A. 親の甘えを断ち切りましょう

実家は自営業の資金繰りが苦しくなると、あなたにお金をせびり、そればかりか、子どものための貯金まで借りて返さないと居直っています。

そのため、あなたは近所の実家に足が向きません。それは「親不孝」なのかもしれない、と自問しています。

親不孝者を題材にした落語に**「二十四孝」**があります。

主人公の熊さんは、隣の猫にアジを盗まれて、隣の家にどなり込みます。それをたしなめる女房を殴る、母親を蹴飛ばすという具合なので、大家さんが中国の故事を例にあげて熊さんを諭します。

孟宗《もうそう》は、タケノコを食べたいという母親のために、雪の中でタケノコを探しますが、見つからずに泣いていると地面からタケノコがぬーっと出てくる。王祥《おうしょう》は、コイを食べたいという病床の母親のために、凍った池に行き、裸になって温めて氷をとかすと、コイが飛び出てくる。呉猛《ごもう》は、蚊に刺されて眠ることができない母親のために、自分が裸になって酒を塗り蚊にさされようとすると、蚊にさされなかった、といった具合です。

熊さんはまねをしてコイやタケノコを母親に食べさせようとするが、うまくいかない。自分の体に塗るために買ってきた酒も、飲んで眠ってしまう。「ゆうべにかぎって蚊が一匹も食ってねえ」、「これも親孝行のおかげだと言うと、母親は「なに言ってんだよ。あたしが夜っぴいて煽《あお》いでいたんだ」というオチです。

あなたは幼稚園の頃に母親が入院した時、「母に何かあったら……」と心から心配していました。そして親の商売のために、お金を貸し続けてきました。あなたは親不孝どころか、熊さんと違って親孝行そのもので、むしろあなたのケースはまったく逆です。

「二十四孝」の話では、母親は夜中に熊さんを、うちわで煽いでやりますが、熊さんが親不孝なのは、できた母親に甘えすぎているからかもしれません。

あなたの親は正反対で、あなたに甘えています。孫のためのお金まで使ってしまうようでは話になりません。親の子どもへの甘えを断ち切って、「子離れ」を促してあげる必要があると思います。

あなたが両親の自営業を引き継ぐつもりなら、あなたが経営者になって、代わりに「親」の役割を果たすことも一つの方法ですし、そのつもりがないとすれば、思い切って、親とは離れた場所へ引っ越すのも一つの方法です。

どんな方法でも、親の甘えを断ち切るしかありません。

Q. お金のことは甘えさせて

一八歳、浪人生として生活を送っています。親との関係で悩んでいます。

この春、挑んで失敗した大学が諦めきれず、浪人することを決意。悩みの種はとにかく親に負担がかかるということでした。講習などを申し込むたび一〇万円単位が必要で、予備校に通うには大金がかかります。大学の受験料も決して安くはありません。親にお金を頼んで「結構するなあ」と言われながら、受け取るのは毎回つらいものがあります。帰りが遅くなるのも負担のようで、疲れ切った眠そうな表情で迎えられると、帰宅のたびに申し訳なく感じます。

とはいえ、わが家は経済的に大きな問題を抱えているわけではないですし、親もこれらのことを承知のうえで浪人させてくれたはずです。無責任な発想ではありますが、「親なら、金くらい渋らず子どもに出せよ」というのが本音です。

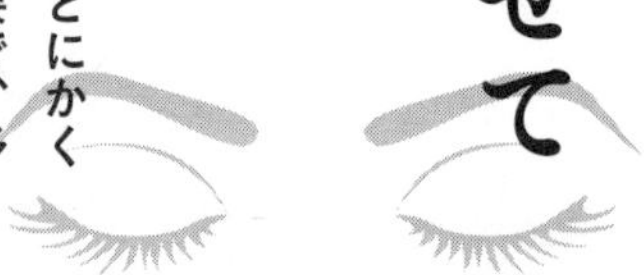

こんなことを言ったら自分の幼さを露呈するようで恥ずかしく、切り出せませんし、自分の意向をくんで浪人させてくれた親には本当に感謝しています。そして、何よりも私は真剣に勉強しているつもりです。

理想は、親は多少無理をしながらも「お金のことは任せて」と言ってくれ、私は常に感謝と気遣いを胸に努力を続ける──という状況です。このようなことを期待している私が甘いのでしょうか。

（浪人生　一八歳）

A. 親から自立していくよい機会

あなたは不本意にも浪人することになりました。親に感謝しつつも、親に気持ちよく浪人の費用を出してほしいと願っています。

その気持ちの底にあるのは、自分の本意ではない不遇な境遇になってしまったときほど、身近な親、とくに母親に認めてもらいたい、という気持ちなのではないでしょうか。人が孤独に耐えるのは容易ではありません。

長谷川伸の作品『瞼《まぶた》の母』が参考になります。

江州番場生まれの渡世人の忠太郎には、五歳で生き別れになった母親がいます。忠太郎はその母を捜して、バクチで稼いだ一〇〇両を渡そうと、江戸に行きます。そして夜鷹《よたか》のおとらから、母のおはまが江戸でも有名な料理屋「水熊」の女将《おかみ》に納まっていることを聞き、訪ねていきます。

忠太郎は自分が生き別れた忠太郎だと名乗りますが、おはまは「あたしの子の忠太郎は、九ツの時、はやり病で死んでしまった」と冷たく突き放します。そして料理屋の身代を狙ってきたのかと追い返してしまいます。忠太郎は「こう瞼の上下ぴッたり合せ、思い出しゃあ絵で描くように見えてたものをわざわざ骨を折って消してしまった」と捨てぜりふを残して去って行きます。

そして忠太郎は追っ手を一人残らず斬り伏せ、さらに母親のおはまたちが追いかけてくるのですが、振り返らずに去っていくのです。

もちろん天涯孤独な渡世人が生き別れた母親に会う話と、浪人のあなたが親に望む相談とでは、かけ離れているように思えるはずです。

しかし、不本意な境遇にある自分を、世間とは違って、親だけには認めてほしい、それを心のよりどころにして、生きる勇気を得たいと思う気持ちにはどこかで共通するものがあると思います。

しかし、あなた自身も「自分の幼さを露呈するようで恥ずかしく」と書いているように、一八歳になったあなたにとって、それは子どもっぽい願いであるのも事実です。

だからむしろ、親に甘える気持ちを断ち切ることで、親から自立していく、よい機会だと考えたほうがいいかもしれません。そして番場の忠太郎のように、現実に立ち返り、切り込んでいくのです。

親への甘えを断ち、自分が頑張るしかないと決意し、現実に立ち向かうことは、受験の失敗で失った自信を取り戻す過程でもあります。どうか努力を実らせ、志望の大学に合格してください。

◆この章で取り上げた物語一覧◆

「鶴の恩返し」『日本名作おはなし絵本　つるのおんがえし』礒みゆき・文、黒井健・絵、小学館、二〇一〇年ほか

『モンテ・クリスト伯』全七冊、アレクサンドル・デュマ、山内義雄訳、岩波文庫ほか

「藪入り」『落語百選　冬』麻生芳伸編集、ちくま文庫ほか

「二十四孝」『落語百選　夏』麻生芳伸編集、ちくま文庫ほか

「瞼の母」長谷川伸『瞼の母・沓掛時次郎』ちくま文庫ほか

5

互酬と贈与
——夫婦や恋人の関係

人間はひとりで生きていけるほど強くはありません。であるからこそ、すばらしいパートナーに恵まれることほど、人生にとってかけがえのないものはありません。しかし、血のつながらない夫婦や恋人の関係は厄介です。同じ家族関係でも、親子関係は、どんなに関係が悪くなり疎遠になっても、血のつながりまでは断ち切ることができません。ところが、夫婦あるいは恋人の関係は血でつながっていないので、関係がひどく悪化して別れれば、赤の他人になってしまいます。

妻は夫に従うべきだという「道徳的」な規範意識が薄れてきた現代では、離婚が当たり前になりました。夫婦はお互いに独立した人格を認め合ったうえで、「無償の愛」を確かめ合わなければなりません。といっても、日々の生活では毎日がたんたんと過ぎていきます。知らず知らずのうちに、互いに意識のズレが生じてしまいます。

もし夫婦が離婚になった場合、夫婦間の関係を断ち切ることはできても、残された子どもたちとの血のつながりまでは断ち切れません。離婚すると、子どもはどちらの親につくのか、再婚した場合に新しい親子関係をどう築いたらよいのか、という複雑な問題が次々と襲ってきます。

離婚しない夫婦は夫婦で、高齢社会になると、夫婦は長い一生をともにすることになります。長い生涯の間にはいろいろなことが起こりえます。子育てが終わって時間ができる、さらに夫が会社を退職して家でブラブラしているようになると、妻は夫との関係をもてあますようになります。夫が退職して稼ぎがなくなったのに、古くさい男女の役割分業を当たり前だと考えていると、家庭では家事もできないのに、ただ威張っているだけの夫が始終家にいることになります。他方で、妻が重い病気になったとき、夫は何もできません。始末が悪い状況です。さらに、夫婦が死別したりするケースが増えてきます。独身になった老後の人生で、新しい恋愛の悩みも生じます。高齢社会になって、こういう悩みはどんどん増えてきているようです。

Q. 夫に自立してほしいのですが

四〇代後半の会社員女性です。夫と高校生の娘、義父の四人暮らしです。夫とは見合い結婚でしたが、趣味が合いません。たとえばテレビ番組でも、私はドラマやドキュメンタリーが好きですが、夫はスポーツやバラエティーを好みます。外出でも、私は美術館やコンサートのほうが良いのですが、夫はスポーツ観戦に行きたがります。

今までは余暇の過ごし方は子ども中心でしたし、若い頃はあまり好きでないこともつき合ってきました。でも四〇代も後半になって、好きでもないことに時間、お金、労力を使うことにいら立つようになってきました。

私は一人で何かをするのも苦になりませんし、趣味の合う友人と出かけもします。でも夫は一人ではおもしろくなく、一緒に行く友だちもいないようで、家族で行きたがります。「野球観戦なんか行きたくない」と断ると、「僕の意見はいつも却下される」と不機嫌にな

るため、それもうっとうしく、何回かに一回はつき合います。ですが、「この時間とお金があれば他の好きなことができるのに」とイライラしてしまいます。

夫は本当に友人が少ないようで、仕事帰りに飲んだり食事したりすることがまったくなく、休日もほとんど家にいます。

夫に自立してもらい、私は私の好きなことを楽しむにはどうしたらいいでしょうか。

（会社員　女性　四〇代）

A. 夫の性格を生かすのが賢明では

子どもが小さいときは、夫と子どもと家族中心の余暇を過ごし、子どもが大きくなったら、自分の趣味を楽しむ時間が欲しいので「亭主、元気で留守がいい」……。すみません。読んでいて、思わず夫に同情してしまう男の私です。とはいえ、夫婦のライフステージに合わせて夫に変わってもらいたいと思う、あなたのお気持ちも分かります。

「ウサギとカメ」という寓話があります。足の速いウサギはどんどん先に行き、油断して寝ている間にカメに抜かれてしまいます。この話の教訓は「コツコツ努力する者が勝つ」です。でも、カメがウサギに勝っても何の得もありません。私の解釈では、実はこの話は、ペースの異なる者がどうしてもすれ違ってしまう話なのです。

あなたは足の速いウサギです。仕事と子育てに一生懸命走ってきて、ここらで休みたいと思っています。なのに、夫は相変わらずノロノロ歩く亀のように変われません。

でも、これからの長い人生を考えてみましょう。やがて、あなたも夫も退職し、義父は亡くなり、娘さんは結婚します。家には二人だけ。だからといって、朝から晩まで美術館やコンサート通いとはいかないでしょう。

夫は、家族と一緒が好きで、趣味はスポーツ観戦。カメに速く歩けと言うのと同じで、この両方を一気にやめさせるのは困難です。老後のために、家庭を大事にする夫の性格を生かすのが賢明です。

夫の立場になって考えてみましょう。娘さんも高校生になり、妻も趣味につき合ってくれず、家にいても次第に自分の役割がなくなっています。自分の居場所がないと感じるのは寂しいものです。

そう考えると、家庭の中に夫の新しい役割を探してやることが肝要です。この際、カメの歩みに合わせて、カメの甲羅に乗って休む方法を考えてみたらいかがでしょうか。

たとえば、夫がまっすぐ帰宅するのなら、週に二、三回、「男の料理」をしてもらうのもいいでしょう。ただし、まずいと言わない、夫のメニューに文句をつけない、感謝の言葉を忘れない、の三原則を守る必要があります。

あなたは上等のオーディオを買い、夫が料理する間、画集を開いて、好きな音楽を聴きます。たまに行く美術館やコンサートの楽しみも増します。そして夫に感謝して、たまには、野球観戦をプレゼントします。きっとウサギとカメは一緒にゴールできるはずです。

Q. 両親は仲が悪いのでしょうか

こんにちは。二〇代の男性です。ともに五〇代である私の両親について、思うことがあるのでお便りいたしました。

私は最近までずっと、両親のことを仲の良い円満な夫婦だと思っていました。しかし気になることがあります。

それは、お互いの会話、話し方がわざとらしいことなのです。演技くさいと言うか、大げさと言うか、道化という言葉がしっくりくるようです。

普通に話せばいいものの、「よろしゅうござんすよ」とか「僕ちゃんこれがいい〜!」とか、ここ数年、そういったおどけた態度での会話しか聞いたことがありません。

たまにそうやってじゃれ合うのなら問題はないし、気にはならないのでしょうが、いわゆる普通の調子の会話をほとんど聞いたことがないのです。

端から見れば仲のいい夫婦かもしれません。が、まともな話し方がまったくないのも異常なことだと思うのです。

こんなことなら、むしろ素っ気ない会話しかない冷めた夫婦のほうがまともではないか、とさえ思えてきます。

うちの両親は昔から、どちらかと言えば亭主関白のほうでした。母が虐げられているようにも見えます。実際に、私は母の満面の笑顔を忘れてしまいました。親としての苦労は人並みだと思いますが……。心配することはないのでしょうか。

（男性 二〇代）

A. 不仲なら隠しきれないものです

あなたは、「亭主関白」だったご両親夫婦が、ここ数年、いつもおどけた態度の会話しかしなくなって心配しています。何か隠し事があって、わざと明るく振る舞っているのではないかと疑っているのかもしれません。

関係が冷え切ってしまった夫婦を描いた、谷崎潤一郎の『**蓼喰**《たでく》**う虫**』という小説があります。谷崎自身と佐藤春夫との細君譲渡事件が背景にある『蓼喰う虫』は、間男のところに通う妻と、女遊びをする夫という、冷え切った夫婦関係を描いています。

その中に、両親の関係に感づいて気づかう一〇歳の子ども「弘」に関する描写が出てきます。親子「三人が三人ながらバラバラな気持ちを隠しつつ心にもない笑顔を作っている状態」について、谷崎は「やはり子供を安心させたさにひきずられて、喜ぶ顔が見たいために妻となれ合いで睦《むつま》しい風を装うこともあったのである。しかし子供は子供の方で、二人がなれ合いで芝居をしていることまでも感づいていて、なかなか気を許してはいないらしい。うわべはいかにもうれしそうにして見せるけれども、それも事によると親たちの苦慮を察して、子供の方があべこべに二人を安心させようと努めているのかもしれない。子供の本能というものはそういう時に案外深い洞察力を働かすもののように思える」と書いています。

一見すると、あなたの状況に似ているように見えます。あなたのご両親の夫婦間に何か深刻な問題があって、それを取り繕っている可能性もないとは断定できません。しかし、明確な違いもあります。

あなたは、「むしろ素っ気ない会話しかない冷めた夫婦のほうがまともではないか」と述べています。しかし、『蓼喰う虫』では、どこかよそよそしい夫婦の振る舞いによって、一〇歳の子どもでさえも両親の関係に感づいてしまいます。もし互いに冷めた関係ならば、衝突になる種があると、きっとどこかで出てしまうものです。しかし、あなたの相談には、そうした具体的兆候が見当たりません。逆に、子育ての責任から解放されたとか、将来楽しみなことがあって、会話が軽くなってきたのかもしれません。

もうひとつ大きな違いがあります。あなたは一〇歳の子どもではなく、成人した大人だということです。直接、ご両親に理由を聞けないことのほうが不自然だと思います。単刀直入に理由を尋ねてみてはいかがでしょうか。

Q. この年で恥ずかしながら

七〇歳に足を踏み入れた女性です。五年前に夫に先立たれて一人暮らし。二人の息子も家庭をもち、孫もいます。貞淑な妻としてご近所づきあいも円満、友だちにも恵まれてきました。

半年ぐらい前、趣味の集まりで会った同世代の男性と茶飲み友だち程度のおつき合いをしていました。相手の方も伴侶をなくされ、一人暮らしです。お互い住所も知らず、もっぱらメールか電話でのやりとりで、よくお花をめでたり、里山へ行ったり、都会の雑踏にまぎれて文化行事の観賞をしたり、食事やお茶をしてきました。

そのうち、帰りにホテルに誘われるようになり、お恥ずかしいんですが、お互いにいい年をして、最高な満足まで至らなくても、とても幸せな気持ちで相性もいいと思っております。

月に一、二回でも会うと帰りは必ずそこへ寄るようになってきました。もちろん誰にも話せません。一人でいるととても彼に会いたくなりますが、その半面、とても悪いことをしていると自責の念にかられます。

いつか誰かにバレてしまいそうな不安と、何よりもこの年齢でこんなことを続けておかしいんじゃないか……と。

相手の方からプレゼントをされたり、一泊旅行に連れていって頂いたりもします。こうなると、お断りすることができなくなるのではと日夜心配です。このままでいいのでしょうか。

（女性　七〇代）

A. 堂々と日々を楽しんでください

あなたは、七〇歳を超えて趣味で知り合った男性とホテルに行き、愛を確かめ合うようになったことを「この年齢でこんなことを続けておかしいんじゃないか」と悩み、「とても悪いことをしていると自責の念」にかられています。

「この年齢で」と言いますが、七〇歳を超えてから恋愛するのは恥ずかしいことでしょうか。今は平均寿命が短かった昔とは違います。二〇一四年時点でも、六五歳以上の人口は約三三〇〇万人になり、そのうち約五五〇万人が単身世帯、つまり現在配偶者がいない状況にいます。

こんなにたくさんの人たちが「高齢者」だからと恋愛もせずに、「老人らしく」生きていかなければいけなかったら、つまらないとは思いませんか。

二〇一四年に亡くなった渡辺淳一は『失楽園』などで有名な恋愛小説作家でしたが、彼のエッセイ集**『老いかたレッスン　いつまでも男と女』**に「高齢者同士の結婚を」という文章があります。その中で、「七十歳を超したといえば、かなりの年齢のように思われるが、そんなことはない。まだマラソンをやっているとか、パソコンをやられている、という方も沢山いる。こんな人たちがどんな理由があってか、一人でいる、ということが、もったいなさすぎる。せっかくなら、そのエネルギーを相手の女性か男性につかってみてはどうだろう。これからでは、子供など生まれるとは思えないが、だからこそ、気楽に、思い切り二人だけの新婚生活を楽しまれてはどうだろう」と、高齢者同士の結婚を勧めています。

相手の方もあなたもパートナーを亡くされて双方、今は独身。「悪いこと」をしているわけではありません。七〇歳を超えて、恋愛ができ、肉体的な面でも「幸せな気持ちで相性もいい」ことに何らかの罪悪感を覚えるとしたらおかしな話で、むしろすばらしいことです。堂々としてよいのではないでしょうか。

渡辺淳一は同書の「恋愛して若返ろう」で、「まず恋愛すること、これは男女ともに若返らせる。若くなりたければ恋愛をする。これが他のいかなる若返り薬よりも有効である」と述べています。

あなたも若返っているのです。好きな人ができて、心がときめき、あなたの生きるエネルギーに火がついたのです。幸い、お子さんたちは立派にご家庭を築いています。何はばかることなく、現在の恋愛関係を楽しまれてはいかがでしょうか。

Q. 闘病中の私に気遣いない夫

私は現在六〇歳の専業主婦で、がんを患い治療中ですが、六一歳の夫は協力してくれませんので、半年間の約束で別居しています。夫は、長年勤めた会社を六〇歳で退職し、嘱託として新たな仕事についています。

退職二年前からとくに、自分の気の向くままに行動し、家族のことなど考えなくなりました。結婚当初から共稼ぎをする私や子育てに関心がうすく、家族のことをきちんと話をしたことがありません。退職前からは黙って出て行き、行き先と帰宅時間だけでもと聞くと、ストーカーよばわりされます。私は理解できずに「どうして」と聞くと、「お前は刑事か。お前が『おれは犯人か』と問い詰めている」と言われます。私が大病をしてもいたわりの言葉もなく、家事も手伝わず、週末には泥酔状態になるまで飲んできます。

この状態なら、つらい抗がん剤の効果も望めませんので、半年間別居しましたが、メールも電話も自分が必要な時しかありません。別荘気分で誰に干渉されることなく自由で、飲み仲間もいるので楽しく暮らしています。こんな主人との生活はこれ以上考えられません。離婚しても経済的にはどうにか生活できます。私たちは夫婦ではなく、母親とお金を運んでくる息子の関係だったのではと思います。私が別れると主人は崩れてしまいますが、こんな生活ではストレスでがんが再発します。

（主婦　六〇歳）

A.「与える」気持ちに戻れますか

あなたが怒るのも当然ですが、離婚すれば、これまで夫を支えてきた無償の行為が無に帰してしまいます。あなたは、「私が別れると主人は崩れてしまいます」と、心に迷いがあるようです。

夫がとくに変わったのは、定年退職が近づいてからです。夫は人生の転機を迎え、どう生きたらよいのか、迷い考えていたに違いありません。しかし悪いことに、あなたはがんになり闘病生活で精いっぱいです。夫婦とも大きな問題を抱えて、自分のことしか考えられなくなっています。

一見、関係なさそうな本ですが、マヤ・アンジェロウのエッセイ集**『私の旅に荷物はもういらない』**を読んでみましょう。彼女は黒人の貧困家庭に生まれ、過酷な運命を生き抜き、公民権運動に参加した詩人です。一九九三年にビル・クリントンのアメリカ大統領就任式で自作の詩を朗読したので、知る人も多いでしょう。二〇一四年の五月に壮絶な人生を終えました。

彼女は「慈善」について書いています。「与えることにはいろいろな恩恵がある。たとえば与える側の魂を自由に解き放ってくれる。受ける側にとっては、贈りものの大きさや中身が大切だろうが、贈る側にとって大切なのは、人が贈ることのできる最高のものは、相手に感謝されるものだということだけである。相手に感謝されれば、与える側も受ける側とおなじように豊かな気持ちになる」。

これは「慈善」だけでなく、「夫婦愛」にも当てはまると思います。あなたと夫は互いに与え合い、感謝することが今はできなくなっている。夫はあなたの病気を気づかえず、あなたも夫の新しい人生に思いをはせる余裕がありません。夫婦ともにそうなってしまうと、互いに拘束し合うだけの存在になります。闘病中でつらいでしょうが、いま一度、夫の新しい人生の悩みや考えを聞いてあげてみてはいかがでしょうか。

しかし、マヤ・アンジェロウはこうも言います。「もしかしたら感謝されないかもしれない」。それでも、「いったん決めて気前よく贈りものをしたら、あとは思い煩わないこと。ひととき満ち足りた気持ちになったら、つぎの瞬間にはすっかり忘れてしまうべきである」と。

あなたは、昔のように見返りを期待せずに夫に「与える」気持ちになれるでしょうか。しばらく続けてみてください。もし、そういう気持ちに戻れなかったら、お互いに「荷物はもういらない」状態になったのかもしれません。

Q. 五〇年ぶりに電話くれた初恋の彼

心臓バックンバックンで震えが止まらない。私が一度も出席したことがない中学の同窓会の日、恋い焦がれていた初恋の人から五十何年かぶりに電話がありました。突然のことで、ドギマギして少し話しただけで終わってしまった。まじめさが感じられるいい声で本当にうれしかった。いつ死んでも悔いはないとさえ思った。浜辺を歩いていて、手が触れただけで感電したようにあわてて離れたあの頃の熱い思いがよみがえる。

大学で遠方に行った彼に会いたかったが、遠くまで訪ねる勇気がなかった。つらかった。勉強がよくできた彼、家庭環境も違いすぎて釣り合わないと思い込み、彼の気持ちを聞くこともなく、別の人生を築いていった私。でも今も少年時代の彼を恋している私。

七〇歳になって何をやっているんだろう。でもどんどん美化されていく。どうして電話をくれたのか。彼の心にも私がいたのだろうか。五〇年間の彼の人生を何も知らない。幸せな人生だったろうか。きっとステキな七〇歳になられていると思う。会いたい。一度でいいから握手がしたい。あまりにも平凡で地味な私の人生に、少しは花が添えられそうな気がする。会いに行って良いかどうか迷う。四六時中頭から離れず、眠れぬ夜が続いています。どうすれば平穏な気持ちになれるか、良いアドバイスを頂きたく存じます。

（女性　七〇代）

A. 会っても思い出は滅びません

初恋は人生で初めての男女の出会いです。生きている間には、何かあるたびに、いつも戻っていく場所なのかもしれません。とくに自分の人生が恵まれないと感じるとき、あるいは平凡すぎると思えるとき、人は初恋の経験からさまざまな「もしも……」を想像することができます。初恋の人は会わない間にどんな人生を歩んでいたのだろうか、初恋の人と結ばれていたらどんな別の人生があったのだろうか、と思いをめぐらします。

今のあなたに、参考になるかもしれないのが川端康成の小説**『母の初恋』**です。

民子は、シナリオ作家の佐山と婚約しながら映画新聞の記者と結婚。その夫とも死別しました。その後、一緒に暮らした鉱山技師の根岸は山気が強く、民子に酒場で働かせてほうぼうを渡り歩きます。そんな民子が佐山に金を借りに来ますが、佐山は応じません。

佐山は民子にそむかれたのは「民子のからだをうばわなかったからだ」という「自分の過ち」と感じますが、もはや佐山にとって、民子は「使い果した滓《かす》のような女」にしか映らないのです。

やがて民子が死に、佐山は娘の雪子を引き取りますが、母民子がかつての恋人佐山のことを話していたと、雪子から知らされるのです。「民子は悲しいにつけ、つらいにつけ、佐山と結婚していたら、幸福であったろうにと、佐山の幻を追って、わが身の不運をなぐさめるよすがにしていた」

やがて佐山は、雪子を嫁がせますが、雪子が女友だちに「初恋は、結婚によっても、なにによっても、滅びないことを、お母さんが教えてくれた」と手紙に書いていたと知ります。娘も母同様、佐山に初恋をしていたのでした。

この小説が描くように、初恋は実らなかったから切なく、「なにによっても、滅びない」のです。と同時に、いかに思いが強くても、過ぎ去った日々に戻れるわけでは決してありません。それをご承知のうえで、なお会いたいということでしたら、その方に一度お会いになったらいかがでしょうか。

お互いに失望を感じたとしても、それはそれで懐かしい思い出となり、今の人生でよかったんだと感じることができます。それで初恋の記憶が滅びてしまいはしないのです。

もし、相手が想像通り「ステキな七〇歳」になっていて、あなたのことをずっと思っていたとしたら、そんなステキな人に好かれる自分であったという発見は、これから心のよすがになってくれます。

Q. 前妻の娘がなつきません

四〇代女性です。今の夫と再婚して七年になりますが、夫の娘に嫌われています。

私が出会った頃にはすでに夫は前妻と離婚していました。娘は母親と暮らしており、夫は、週末ごとに娘と二人の時間を過ごしたり、夏休みに二人で旅行に出かけたりして、娘との時間は大切にしてきました。

再婚した当初は娘も時々遊びにきていました。最初の頃は娘も思春期の難しい時期だったので仕方ないと思い、大人になれば少しは私との距離も縮まるのかと思っていました。ですが一向にその様子はなく、先日はっきりと、私のことは嫌いだと言われてしまいました。夫は彼女の発言に激怒し、今は親子げんかの最中です。

友だちになれるのではないかと私なりに努力はしましたが、難しいですね。夫が言うには、前妻と私は、性格から生活スタイルまで百八十度、正反対なタイプなのだそうです。

私と夫はとても仲がよく、結婚七年たった今も話がつきず、笑い合うことも多く、友人たちからもおしどり夫婦と言われています。

夫と娘は親子なのでいつか仲直りするでしょうが。

私のことを「顔も見たくないほど嫌い」と言っている彼女と、今後どのようにつき合っていけばよいでしょうか？　何かよきアドバイスをお願いいたします。


（女性　四〇代）

A．夫の父娘関係を尊重して

あなたは、夫の前妻の娘と仲良くなれず、どのように娘さんとつき合っていけばよいか、悩んでいます。

状況はあなたのケースと少し違いますが、獅子文六の自伝的私小説『**娘と私**』が、参考になると思います。

主人公（獅子文六）はフランス人の妻に先立たれ、娘の麻理と一緒に暮らしています。そこに後妻になった千鶴子が家に入ってきます。

一〇歳だった麻理は千鶴子になつき、千鶴子は母親のように接するようになります。しかし、「彼女(千鶴子)は、継母という名に怯え、拘り、必要以上に神経を使い、必要以上に努力してきてることが、私の眼に余った。まったく、それは、必要のないことなのだ」。主人公は、母娘の微妙な関係を心配します。

と同時に、主人公は、母と娘が、父親の愛情を奪い合うライバル関係になることを危惧していました。「千鶴子が、私を占有し、自分はノケモノだと、麻理に思わせるようなことを、してはならない。子供が、孤独を味わったら、飛んでもないことになる」「同様に、千鶴子にも、孤独や嫉妬を、味わせてはならない……私が、麻理を可愛がり過ぎると思えば、孤独感と嫉妬が起る」

娘さんと一緒に暮らしていないあなたは、母娘関係を無理に作ろうと努力しないですむぶん、気が楽だし恵まれた環境にいると言えます。

だからこそあなたは、友だちになれるのではないかと努力したわけですが、私は無理に友だちになろうと思う必要はないのではないかと思います。

離婚後に出会って再婚したとしても、娘さんにとってあなたは、父親の愛情を奪っていくライバル的存在であることに変わりないからです。

そう考えると、むしろ気になるのは、あなたのことを嫌いだと言った娘さんに夫が激怒し、今は親子げんかの最中だという記述です。それはあなたには夫の愛情を再確認できる出来事かもしれませんが、娘さんには愛情を奪われたことを証明する出来事になりかねないからです。

ご主人の愛情を奪い合う関係にならない、少なくともそう意識させないことが、娘さんとの関係を悪化させないうえで、何よりも大事だと私は思います。あなたは夫に愛されており、その夫が大事にしている父娘関係を尊重してあげることです。夫に娘さんと早く仲直りするように勧めてあげましょう。娘さんには愛情の奪い合いをするつもりがないことが伝わるはずです。

◆この章で取り上げた物語一覧◆

「ウサギとカメ」『イソップ寓話集』中務哲郎訳、岩波文庫ほか
『蓼喰う虫』谷崎潤一郎、岩波文庫ほか
『老いかたレッスン　いつまでも男と女』渡辺淳一、新潮社、二〇一四年
『私の旅に荷物はもういらない』マヤ・アンジェロウ、宮木陽子訳、立風書房、一九九六年
「母の初恋」川端康成『愛する人達』新潮文庫ほか
『娘と私』獅子文六、ちくま文庫

6
自己と他者

現代は、先の章で見たように、家族関係を良好に保つことにさえ困難を抱えている時代です。ましてや、社会における人間関係となると、自己と異なる他者と向き合わなければならないので大変です。いつの時代も、人が社会で生きていくうえで、他者との関係をどう保つべきかは、人生の重大事であり続けています。ところが、かつての高度成長時代とは違って、今は経済の成長力が衰退し、少子高齢化が進行しているので、職場、学校、地域……あらゆるところで、人々は深刻な問題に直面することになります。

とくに現在の日本社会は、所得の格差、少子高齢化がひどくなっていて、階層間・世代間で分断に満ちあふれています。おまけに、職場では効率至上の成果主義が行き交い、リストラが当たり前になり、非正規雇用者が増えています。学校では、いじめが起きる一方で、教員は文部科学省の締め付けで過重な労働に苦しめられ、精神的に追い込まれる若い教員も出てきています。また、そういう教員を信頼できず、時には学校サービスの「消費者」として頻繁にクレームをつけるような親もいます。地域では、高齢者が増え、地域との結びつきを失って孤立している事例もたくさんあります。

その結果、職場、学校、地域で一体どう振る舞ったらよいのか、良好な人間関係を築くにはどうしたらよいのか、多くの人たちは深刻に悩むことになります。職場での上司と部下、働く仲間同士の関係。ひどい職場環境と自分の立ち位置。学校における先生と生徒、生徒同士の関係。地域における隣人同士の関係、高齢者や障がい者との接し方。

ここに出てくる相談は決して特殊なケースではないと思います。社会において次々と生み出されてくる分断をいかに乗り越えていき、自分も参加して社会を創っているという実感をどうしたら手に入れられるのか。互いに役に立ち、互いに感謝し合い、共通の善を追求していく歓びをいかに分かち合えるか。——その作法を身につけたいという人間本来の悩みこそ、現代人が抱えている共通の悩みなのです。

Q. 非常識な二〇代部下に困り果て

四〇代の女性事務職です。春の配置換えで係長になりましたが、採用二年目の二〇代の男性部下の言動に手を焼いています。

私が注意をすると、「でも、前からこうやっていた」などの根拠のない反論をグズグズと語ります。根拠を示して正すと「じゃあ、直します」と不服そうな態度を表します。反対にちょっとでも褒めると、「褒められると伸びるタイプなんです」と天狗《てんぐ》になります。仕事に関わらず常識的なことを知らない様子なので、教えると「どうして知っているんですか?」と毎度しつこく聞いてきます。

さらに、毎日一時にパンを食べないと死ぬと言って、どんな時でもパンを食べに中座します。注意しても、生理現象だからトイレと同じで我慢できないと主張して止めません。

また、先日、課内で飲むコーヒーが切れたとき、購入するために一時間有給休暇の手続きをしようとしました。他に優先すべき仕事があるだろうと私が止めてもまったく聞きいれず、結局、何人かの職員が引き留めてやっと思いとどまる始末でした。

最近では他の職員からもしばしば苦言を呈されていますが、彼の態度に成長は見られません。私は、まず社会人としての常識を教えなければと思っていますが、問題点が本人の性格に由来するところが大きいと思われるため、どう指導したらよいのかが分かりません。

（管理職　女性　四〇代）

A．職場の「見世物」にならないように

多くの人は、学生から「社会人」になるときに、会社の「慣習」になじもうとするものです。どうも、この若い職員には、そういう心構えがないように見えます。

あなたが、管理職になって、職場の秩序を乱す者を従わせようとするのは仕方のないことです。

しかし、ここは注意が必要です。今までと違って、あなたは管理職になったのですから、率

先して注意ばかりしていると、ますます彼は浮き上がってしまいます。

日本の組織は同調を強いる傾向があり、突出することを嫌います。そのために、違うタイプの人間は目立ってしまうことがよくあります。

「一眼国《いちがんこく》」という落語があります。

両国の芝居小屋の香具師《やし》が、江戸から北に一〇〇里ほど行った原っぱで一つ目の人間に会ったという話を聞いて、それを捕まえて見世物に出せば大もうけできると考えます。そして、一つ目の子どもを見つけ、無理やり連れて帰ろうとすると、大勢の百姓風の人間に取り囲まれ、捕らえられてしまいます。なんと、全員が一つ目です。そして言うのです。「こいつ不思議だねえ……目が二ッつある」「調べは後まわしだ、早速に、見世物ィ出せ」

会社の「常識」が普遍的に正しいとは限らない、という冷静さも必要です。管理職のあなたが若い職員の違うところを叱っていることが、いつのまにか職場の「見世物」になってしまうかもしれません。

もちろん、この若い職員は常識はずれの点が多いようです。そのうえ、彼はやる気を失っています。一時間の有給休暇をとってコーヒーを買いに行こうとしたりするのも、その現れだと思われます。

相性が悪い人間同士の修復ほど難しいものはありません。

一つのやり方は、勤務時間中にパンを食べるなど常識はずれな行為に対しては、もっとはっきりと怒ってやることです。しかし、これは関係を一層悪くし、かえってお互い気に病んでしまう危険性があります。

もう一つのやり方は、この若い職員のやる気を引き出すことこそ管理職の仕事だと割り切ることです。

その場合は、この若い職員をみんなの前で怒るのではなく、一人だけ呼び出して、きちんと理由を明確にして叱るようにするのです。

いずれにしても、ここまで関係が悪いと、すぐには関係が修復しないと覚悟し、辛抱強くやることが大事です。

Q.「愛」が分かりません

二四歳の女性の教師です。
私は不自由なく無難に生きてきましたが、「愛」が分からないことで苦しんでいます。幼い頃、保育園への登園を拒む私を父はものすごい形相でどなり、それから人の顔色をうかがうようになりました。また父やとくに兄に性的な面で不快な思いをさせられることがたびたびありました。働いている母には心底甘えられたことがなく、母は、出来も性格も悪いと私をばかにする兄の言葉を否定しませんでした。祖母は何も言いませんでした。
いつしか私はすぐに人に嫌われることに気づきました。人に受け入れられたことがないため人の受け入れ方が分からず、結果的に自分が拒否されると気づきました。その後、自分を愛するためにとさまざまな本を読む中で、自分を受け入れることができるようになり、「自分は死ね」とは口に出さなくなり、人とはだいぶ自然体で接することができるようになりましたが、それでも出会った方々、家族に嫌われます。好きな人ができても適度な距離が分からず、身体の関係だけになり、むなしくなります。

私は教師をしていますが、自分が家族にされたように生徒にしてはいないだろうか、生徒を受け入れられているのだろうか、と不安になります。心から自分や人を愛し、大切にする方法を教えてください。

（教師　女性　二四歳）

A. 「してほしかったこと」をしてあげて

あなたは、幼い頃に父親に激怒されてから人の顔色をうかがうようになり、母親も祖母も、自分をばかにする兄の言葉を否定しなかったことで、自分は受け入れられていないと思うようになりました。その結果、いま、教師として心から生徒を受け入れられないのではと悩みます。

私は、宮沢賢治の童話**『セロ弾きのゴーシュ』**を思い出しました。セロ（チェロ）が下手なゴーシュは、いつも楽長にどなられています。楽団員はそれを気の毒そうに見ているだけです。

ゴーシュが毎晩練習を重ねていると、動物たちが訪ねてきます。最初は「先生の音楽をきかないとねむられない」と三毛猫が来ますが、「印度《インド》の虎狩」という曲を激しく弾くと、猫はのたうち回ります。次は「音楽を教わりたい」とかっこうが来ますが、しつこいので食べてしまうぞと脅すと、かっこうは逃げようとしてガラス戸に当たってしまいます。三番目は「小太鼓の練習がしたい」と子狸が来て、一緒に練習をします。最後に、子どもの病気を治してくれとやってきた野ねずみを、セロの中に入れて治してやります。

楽団の演奏は大成功に終わり、楽長はアンコールにゴーシュを舞台に出します。ゴーシュは何も分からず、あの「印度の虎狩」を激しく弾きましたが、楽長も楽団員も絶賛します。動物たちと練習するうちに、いつのまにか上達していたのです。

楽長を父親や兄、楽団員を母親や祖母に、動物たちを教え子に置きかえてみましょう。楽長に怒られ楽団員に見て見ぬふりをされるなかで、ゴーシュを先生だと思う動物たちがいます。あなたの立場と少し似ていませんか。

あなたが「分からない」という「愛」は、無償で与えることで初めて成り立ちます。「自分が家族にされたように生徒にしてはいないだろうか」と不安になっていますが、ゴーシュが動物たちにしたように、とにかく一生懸命、子どもたちに接し続けることで感じられる喜びがあると思います。自分に自信が持てない子どもがたくさんいます。あなたがしてほしかったことを子どもたちにしてあげてください。

もちろん、最初は童話のように、コミュニケーションがうまくとれないことがあるでしょう。しかし、ゴーシュが楽長や楽団員ではなく、動物たちから教わったように、あなたも家族ではなく、子どもたちから教えてもらうという気持ちさえあれば、きっと通じるはずです。

Q. 友人との会話の「階級」差に困惑

五〇歳を過ぎ、孫もいます。パートをして少ない夫の収入を支えています。一〇年来の友人への接し方に悩んでいます。

彼女はいわゆるセレブ。ご主人は開業医、一人息子も医大生で、本人も国立大学を卒業。教養もあり、容姿端麗、人の悪口を言わない良い人です。

私のことを好いてくれ、「月一はランチしようね」と誘ってくれますが、彼女との生活環境の違いから来る会話のギャップがけっこうあります。最近彼女の悩み事をうっとうしく思う気持ちが強くなってきました。

お互いの息子が高校生のときは、彼女「息子は私が大好きで、ママってひざに乗ってきて困るの」。私「息子がヤンキーで、近所の人にオタクの坊ちゃん、いつ外国人になったの？ って嫌み言われて困るの」。

最近では、彼女「私が英語の原書の小説を読んでいる横で夫がバイオリンを弾いてうるさくて困るの」。私「私がテレビを見てるのに、夫が風呂上がりのパンツ姿で画面の前に立ちはだかって邪魔して困るの」。ボケとツッコミをしかけても反応は薄く、疲れます。先日の電話で「どこに海外旅行に出かけようか迷ってるの」と困られ、「中東あたりは?」と嫌みを言ってしまいました。意地悪を言う嫌な自分になりそうです。距離をとるか、彼女は何の悪意もないので我慢するか、どうしたら良いでしょう。

(女性 五〇代)

A. 二人はかけ離れていないのでは

あなたは一〇年来の友人との間に「階級」差があって、会話がついつい嫌みになってしまうと悩んでいます。

マーク・トウェインの**『王子と乞食《こじき》』**を思い出してみましょう。王子のエドワード・チューードルと乞食のトム・カンティは奇しくも同じ日に生まれ、そっくりな顔立ちをしています。宮殿にまぎれ込んだ乞食のトムとエドワード王子は互いの服を交換します。ボロを着た王子は、トムの父親に虐待を受け、無頼漢たちに捕らわれ、救ってくれたマイルス・ヘンドンとともに牢屋に入れられます。自ら辛酸をなめ、イギリスの無慈悲な法律の実態を知ることになります。そして、いつしかトムのたくらみだと思い込み、王座を取り戻そうとします。

一方、トムは慣れない王室の儀礼が分からず、自由の身になりたいと思いますが、しだいに慣れてくると、このうえない幸せを感じます。しかし、戴冠式《たいかんしき》に臨むために市中を行進していく途中、トムであることに気づいて近づいてきた母親に、「女よ、余はそちを知らぬぞ」と言ったことで、トムは良心の呵責《かしゃく》に襲われます。戴冠式に現れた本当の王子を疑う側近は、王子の記憶を確かめだすが、トムはそれを助け、再び入れ替わることができます。

この小説は、互いを理解し合うためには、互いの立場を入れ替えて相手の立場になって考えることが必要だということを教えてくれます。

そう考えると、お友だちとあなたは、王子と乞食ほどに、かけ離れた生活をしているわけではありません。お友だちは読書の横で「夫がバイオリンを弾いてうるさくて困るの」とこぼしているのですから、大邸宅に住んでいるわけではないようです。加えて、夫のバイオリンはうまくなさそうです。高校生にもなって「ママってひざに乗ってきて困るの」というお友だちの息子は、どう見てもマザコンで、うまく大人になれるのか、結婚してもうまくいくのか、心配になります。

考えてみると、お友だちは開業医の専業主婦で、外に友人が少なく、下手なバイオリンが趣味の夫とマザコンの息子に囲まれ孤独なのかもしれません。家庭の「秘密」を打ち明けるのは、あなたを信用しているからでしょう。

トムが生みの母親を見捨てられなかったように、あなたにとって家族は何より大事なものです。ありのままを出してつき合えばよいのではないでしょうか。恥ずかしいことは何もありません。

Q. 老人が好きになれない私

四七歳の女性です。

お年寄りをいたわったり、優しくしたりしようという気持ちがまったく持てません。

だから、寝たきりになったり、車椅子でボーッと座っているように見えたりするご老人をみると、いけないことですが、「生物学的にも社会的にも死んでいるのに、この人たちは何で生きているんだろう」と思ってしまうのです。

「誰でもみな、年を取るし、自分もいつかそうなるのだ」と頭では分かっています。

ただ、これから死に行くお年寄りの介護のために莫大な税金を投入し、がっぽり年金をもらっているお年寄りがいたりすることに対し、許せない気持ちになります。

「どうせ、数年で死んでしまうのに」と思ってしまうのです。ただ障害をお持ちの方や、身体がご不自由な方に対しては、当たり前ですが、むしろいたわってあげたい気持ちになりますし、さまざまな援助を手厚くしてあげてほしいと思っております。お年寄りだけに嫌悪感をいだくのです。自分自身で分析してみても、なぜそう思うのか、分かりません。

今後、自分が老人の仲間入りをすると思うだけで嫌な気持ちになり、生きていたくなくなります。どのように年を重ねていったらいいか、アドバイスお願いします。

（女性　四七歳）

A．生き生きとしたお年寄りが増えれば

あなたは、お年寄りに対しては嫌悪感をいだくと悩んでいます。お年寄りに対して、そのように感じるのは、現実を直視するのを避ける社会全体の雰囲気から来ているのではないでしょうか。

老いの問題は深刻です。二〇一二年、認知症の人は約四六二万人になり、二〇二五年には七〇〇万人に達すると言われています。周囲に負担をかけずに死ねる「幸せ」な人は、むしろ少

数になりつつあるのかもしれません。

一九七二年に書かれた有吉佐和子の小説**『恍惚《こうこつ》の人』**があります。法律事務所で働く立花昭子は、商社マンの夫である信利と高校生の息子の敏の三人で暮らし、離れに舅《しゅうと》の茂造と姑《しゅうとめ》を住まわせていました。ある日、姑が急死します。そして、茂造が認知症になっていることに気づき驚きます。何と茂造は、他人である昭子と孫の敏は分かるのに、自分の妻も息子である信利も嫁いだ娘の京子も認識できなくなっていました。

茂造は徘徊したり、大量に食べたり、記憶が飛んだり、幼児化したりするようになります。昭子は、茂造を敬老会館に通わせますが、夜中に小便するたびに起こされ、やがて失禁するようになり、入浴も手伝うようになります。

夫の信利は、「耄碌《もうろく》している父親」を見て、自分もやがてそうなるのかと絶望感に襲われるだけで、一切手伝ってくれません。やがて昭子は「茂造が死んでくれたらどんなに楽だろう。そんな考えに罪悪感も後ろめたさも」なくなっていきます。

半年もすると、茂造が急性肺炎になり死にかけます。昭子は腹が据わり、「生かせるだけ生かしてやろう」と決意し、茂造を看取ります。

どちらかというと、今のあなたは夫の信利の気持ちに近い感覚ではありませんか。しかし、もし同じ事態に直面すれば、昭子のようになっていくのではないかと思います。

実際、介護保険制度はできましたが、日本では認知症患者の多くは街中でノーマルな生活を営める状況になく、今なお施設に預けるか、家族が重い負担を引き受けて介護しています。家族の支えのない独居老人も増えています。

なるべく認知症や寝たきりになるのを遅らせ、死ぬまで人間的な暮らしができるような社会にすることが大事です。生き生きと社会にも役立つ活動を楽しむお年寄りが町に増えていけば、あなたの嫌悪感も自然に、今ほどではなくなっていくのではないでしょうか。

Q. ひどい病院に慣れそう……

二〇代の男性の介護職員です。

今の職場に慣れすぎることへの怖さで悩んでいます。

総合病院から、田舎の精神科の病院に転職しました。精神科で働きたくなったのと、この年で、もう親に迷惑をかけず一人暮らしがしたいと思ったのでした。

緊張して働き始めたら、実際衝撃的なことばかりでした。

患者に対する職員の暴言と威圧的な態度は頻繁。食事をとらない人に殴るそぶりをしたり、「何を言っても分からねえばかだからな」「何でも食って死ねばいい」「退院してのたれ死んでも構わねえ」と言ったり。患者を監視しているだけの収容所のようですが、上司は注意をしません。私が言われたらすごくショックな暴言も。職員から「暴言が多いけど、こういう病院だから慣れてね」と言われビックリしました。

給料は安くても、職場環境や人間関係が充実した場所にいたときは、患者とも触れ合えて幸せでした。もちろんここに入職したのは私の責任です。精神科について勉強不足で、この病院に関する知識が無かった。ただ一人暮らししたいという甘い気持ちだったからでしょう。

すぐ辞めれば、今後つらくなるから三年は働きたいのです。でも、私も他の職員みたいに患者に暴言や罵声を言うようになってしまうのか。職場慣れが怖いです。どうすればいいですか。

（介護職員　男性　二〇代）

A. 一線を守る仲間をつくって

精神科も、開放的な病院から、薬漬けや虐待のある病院まで、実態はいろいろなようです。あなたが選んだのは問題のある病院で、あなたはそこに慣れてしまうことを心配しています。あなたの相談を、自分が属する会社や組織に問題があるときに、どのように対処すればよいのか悩む事例と考えれば、日本中にあふれていると思います。

志賀直哉が書いた**「正義派」**という短編小説があります。若い母親が連れていた五歳くらいの女の子が電車にひかれて死ぬ事故が起き、それを近くで三人の線路作業員が目撃します。その場で会社の上司が、女の子をひいた運転手に「示談の場合大変関係して来るからナ」と、「女の児が前を突っ切ろうとして転がる、直ぐ電気ブレーキを掛けたが間に合わない。こうだナ？……」と念押し。それを見た三人の作業員は、証人として警察に行くことを自ら申し出ます。そこで、運転手の発言を否定し、「狼狽《ろうばい》して運転手は電気ブレーキを忘れていたのだ、最初は車と女の児との間にはカナリの距離があったのだから直ぐ電気ブレーキを掛けさえすれば、決して殺すはずはなかった」と証言します。上司は、警察で「君らも会社の仕事で飯を食ってる人間だ」と彼らを威嚇しますが、彼らは従いませんでした。

警察から帰る道々、三人は酒を飲みます。年かさの一人が酔い、「会社の仕事で食ってるには違いない。しかし悪い方は悪いのだ。追い出される事なんか何だ」と大声を出します。そして帰りに事故があった永代橋を渡ると、若い作業員は人力車から「ちょっと降してくんな」と言い、いつの間にかすすり泣き、年かさのほうもつっぷすと声を上げて泣き出すのです。

昔から正義感の強い人ほど、組織の中で良心をいかに守るかという悩みを抱え込みがちになります。どこかで越えてはいけない線を自分で引いておかないと、絶えず心が動揺し、悩み、ズルズルと組織に同化していくことになるかもしれません。

精神科のスタッフによる患者への虐待で、暴行罪や傷害罪に問われるケースはよくあります。組織の中で、虐待行為を一人で止めるのは困難でしょうが、「犯罪」には加担しないという一線を引くことが大事です。そのことで孤独になって職場を辞めることにならないためにも、同じような仲間を病院内外に徐々につくっていき、一緒に守っていく方法を探らないといけないでしょう。

◆この章で取り上げた物語一覧◆

「一眼国」『古典落語　正蔵・三木助集』、飯島友治編、ちくま文庫
「セロ弾きのゴーシュ」宮沢賢治『新編　銀河鉄道の夜』新潮文庫ほか
『王子と乞食』マーク・トウェーン、村岡花子訳、岩波文庫
『恍惚の人』有吉佐和子、新潮文庫
「正義派」志賀直哉『小僧の神様　他十篇』岩波文庫ほか

7

利己的か利他的か

主流の経済学では、ベンサムの「功利主義」が前提とされており、人々が自己利益や効用の最大化の追求に専心すれば、市場メカニズムが最大多数の最大幸福に導いてくれるという考え方をとっています。「市場原理主義」と呼ばれる「新自由主義」の考え方の起源はここにあります。しかし現実の人間は、自己と他者の関係を築くうえで、絶えず自己利益を優先させるべきか、他者の利益を優先すべきか、というジレンマに突き当たります。人間は誰でも「自分がかわいい」と思う利己的な面を持っています。他方で、「人のために役に立ちたい」と思う利他的な面も持っています。利他的な目的を追求しながら、自分の利益も実現できれば、理想的です。しかし、物事はそう簡単にはいきません。

このジレンマを突き抜けていく道はどこにあるのでしょうか。それは私益に還元できない社会の公正さや公共とは何かについて考え、それに貢献するにはどうしたらよいのかを常に頭の隅に置いておくことです。残念ながら、経済学は、公共性とは何かについてポジティブな定義を与えていません。そこで、アダム・スミスが書いた『道徳情操論』の「同感(シンパシイ)」という考え方がヒントを与えてくれます。現代経済学は見失っていますが、「小さな政府」の主張者であるアダム・スミスは、決してむき出しの自己利益追求を唱道していたわけではありません。「同感」とは、心の中の「第三の公平な観察者」に対して、自分の行為がコモンセンスに従ったものかどうかを問いかけて行動していくというものです。

ところが、「新自由主義」は自己愛だけを追求する人間を正当化し、企業や富裕者たちが社会の公正さや公共性を失わせるほど自己利益を追求することを許してきました。その結果、格差を救いがたいレベルまで拡大させました。こうした社会を再建するには、常に他者が納得するか、多くの他者にとって善なのか、という他者への問いかけを自分の心の中に持つことから始めなければならないのです。

Q. 経済学は役立ちますか？

福島の大学で経済学を学んでいる大学二年生です。

二年生に進み、専門的な内容を学ぶ機会が増えるようになってから感じることがあります。それは、自分が勉強している経済学の知識は将来、何の役にも立たないのではないかということです。

東日本大震災の発生後、私は多くの医師や看護師のボランティアが被災者のために活動をしている姿をテレビで見ました。医学部の学生は、いま身につけた知識が後に医師になってから人の命を救うことにつながっていると想像しやすいはずです。

それに比べ、私は経済学のさまざまな理論を学んでいるだけで、それが社会人になってから何かの役に立つとは思えません。役立たないとすると、私の中で経済学は単位を取るために勉強するものとなってしまいます。それを思うと、大学で学んでいる内容、そして親に授業料を払ってもらってまで大学に在籍していることが無意味なことのように感じてしまいます。

だからといってすぐ大学を辞めて、大卒資格のないまま職を探そうという勇気はありません。この気持ちにどう区切りをつけたらよいのでしょうか。

私は大学では、卒業してから社会に貢献できるよう、必要な知識を得るために勉強すべきで、何の目的もなしに勉強すべきではないと考えます。この考えは間違っているでしょうか。


（男性　大学二年生）

A. あなた自身が探し求めなさい

あなたは「経済学のさまざまな理論を学んでいるだけで、それが社会人になってから何かの役に立つとは思えません」と、経済学を勉強する意味を見いだせないでいます。

それは九九のようなもので、今は退屈でも身につけておけば将来きっと役に立つというのが、よくありがちな答えです。しかし、こういう説教はおそらく子どもの頃から聞かされてきたもので、あなたは満足できないでしょう。

実は、あなたと同じく二〇歳の頃に、似た悩みに突き当たった経済学者がいます。ジョン・スチュアート・ミルです。彼は、父親から「功利主義」の思想をたたき込まれます。功利主義では、人間を、苦痛を避け快楽を求める計算機械ととらえ、個々人の幸福(私的利益)を足し合わせた社会全体の幸福を最大にすべきだと考えます。それゆえ個々人が最大限に私的幸福を追求できるようにすべきだということになります。できる限り市場に任せることが社会全体の利益になるという現代経済学の主張も、基本的にその延長上にあります。

しかし、自分の幸福だけを追求しさえすれば、社会全体も自動的によくなるのだと言われても、そこから社会の役に立っているという実感を得られないのは当然です。

ミルは『**ミル自伝**』の中で、こういう答えを見いだします。「自分自身の幸福ではない何か他の目的に精神を集中する者のみが幸福なのだ、と私は考えた。たとえば他人の幸福、人類の向上、あるいは何かの芸術でも研究でも、それを手段としてでなくそれ自体を理想の目的としてとり上げるのだ」。そして自分の幸福は、その「副産物」としてえられるのだと。

有名な主流経済学者であるアルフレッド・マーシャルも、学生に対して「経済学を学びたいのならスラムに行きなさい」と言ったそうです。

「社会に貢献できるよう、それに必要な知識」を学びたいという、あなたの悩みは至極真っ当なものです。何のために学ぶのかというあなたの悩みはとても大事です。いまも福島は、大地震に加えて、放射性物質が大量に飛散したために被害に苦しんでいます。福島の地域経済をどう再生させたらよいのか、原子力に依存したエネルギー政策は本当に正しいのかなど、解決しなければならない課題はいっぱいあります。与えられた知識だけに頼るのでなく、自分が役立ちたいと思う目的のために自分で本を探し、読むことから始めてみてください。

Q. 贈り物のお返しにも礼儀

礼儀についての悩みです。

娘の同級生のお母さんが一一年ぶりに出産。わが家には娘二人が使用したベビーカーなど育児用品があったので、使ってもらえるならと使用希望を聞いて、車で持っていきました。

そのお母さんとは面識がないのですが、久しぶりの出産では育児用品もお持ちでないだろうと推察してうかがうと、彼女も「ぜひ」ということでベビーカーを運びました。その後、お会いするとお礼は言ってくれますが、ご主人は知らん顔だったのでやや違和感をいだきました。

可動式イスも、「すっかり甘えてすみません」と受け取り、彼女の出身地方の蔵で造られたというしょうゆ一本と、「いただきものなのですが」というナシを二玉差し出されました。

私は考え込まざるをえません。わが家では用済みの育児用品を一掃する機会になり、「喜んでもらえてよかった」と心ある人なら思うでしょう。でも私は彼女の「このくらいのお礼でいいだろう」という心根が不愉快です、減価償却しているとはいえ、それぞれ数万円しました。私も二人目の出産時に、他の用品を借り受けましたが、お中元、お歳暮並みの菓子詰め合わせを添えてお返ししました。その方が少なくない出費をしてそれらをそろえたと思うからです。こういう場合、礼儀に気をつけるべきだと思う私は、考えすぎか、ケチなのでしょうか。

（家業従事　女性　四〇代）

A.「桃太郎」ではなく「金太郎」のように

あなたは、ベビーカーと可動式イスをあげた人の、返礼が少なく礼儀を失していると怒っています。なぜ行き違いが生じたのか、少し掘り下げて考えてみましょう。

人間の経済行為を広く考えると、お金を媒介にした見知らぬ者同士の「交換」だけではありません。ボランティアや寄付のように、人に無償であげる「贈与」もあります。しかも「交換」と「贈与」の間にもさまざまなやり取りがあります。有償ボランティアもあります。互いに物やサービスをやり取りする「もちつもたれつ」の関係もあります。それが、冠婚葬祭の半返しや祭りの寄付とふるまい酒のように共同体や宗教の慣習で縛られていたら「互酬」になり、強制的に税をとって困っている人に分配すれば「再分配」になります。

ここで、同じく力持ちで鬼退治をした男の子の話を思い出してみましょう。

一つは**「桃太郎」**です。この話では常に「見返り」があります。たまたま出会った犬や猿やキジは、きび団子をもらう代わりに桃太郎の家来になり、鬼ケ島の鬼退治を手伝います。そして最後は、宝物を手に入れます。

これに対して**「金太郎」**の話では、森の遊び仲間の動物たちは見返りを求めません。金太郎も橋が壊れると、木を倒して橋をかけてあげます。金太郎はやがて坂田金時という侍になり鬼退治をして都を守ります。この話に出てくるのは「贈与」だけです。

あなたはベビーカーをあげる際、子どもの学校が同じとはいえ見知らぬ者同士なので、「桃太郎」のようにそれなりの「お礼」(見返り)を出すのが礼儀だと考えています。他方相手は、あなたが不要なものをもらったこともあり、あなたは「金太郎」のような人で、「お礼」は気持ちだけでいいと考えているのかもしれません。

どちらかが悪いというのではありません。共同体や宗教の慣習で縛られていない自発的な「もちつもたれつ」の関係は、ルールがないだけに誤解を生みやすいのです。

ここは、あなたが金太郎になってみてはどうでしょう。ベビーカーや可動式イスを中古品として売れば、お金を得られますが、減価償却のすんだ物はいつ売れるか分かりません。捨てるとなると、粗大ゴミでお金を支払う必要があります。いずれにしても面倒です。単純に「あげた」と思えば、お礼の品物の価値を気にする必要なく、気分が楽になれるのではないでしょうか。

Q. 席を譲ることができない私

最近一六歳になったばかりです。私は起立性調節障害で、「健康そのもの」とは言えない状態です。プルーンを食べるなど気をつけていても、よく貧血を起こしてしまいます。めまいや頭痛がひどい日もあります。

でもバスや電車で一緒になった人たちにとって私は、どこにでもいる一〇代の若い子。親や友だちとは違い、私の顔色などを気遣うことはありません。お年寄りに申し訳ないと思いつつ、座席に腰掛けている私に「あんた、若いのに何座っとんねん。席ゆずりなさい」とおじちゃん、おばちゃんは言います。

貧血で突然倒れるかもしれない、しんどいので座らせてもらってるんですと、勇気を出して言ってみたら「何言うてんねん。若いんやから元気や」と余計怒られてしまいます。

世の中には私みたいな人や心臓などが悪い人、さまざまな理由で立ちっぱなしの状態を避けなければいけない若者もいるはずです。

最近では満員でも二人がけの席で窓側へ移動してくれない人だっています。お年寄りに席を譲りたい気持ちが強くても、ものすごく体の調子がよい日以外は自分が下車する一、二駅前ぐらいになってから、席どうぞと言うのがやっと。早く席を譲ってあげられない自分に対するイライラからか、「なんで席詰めへん人がおるんよ」と心の中でキレてしまったりします。私はどうすべきなのでしょうか。

（高校生　一六歳）

A. そのまま座っていてください

あなたは起立性調節障害という見えない病気ゆえ、人に言えない悩みを抱えています。二つの分裂した感情が入り交じっているように思えます。ひとつは、あなたの優しさからくるものです。あなたは、譲りたくても譲れない自分へのもどかしさを感じています。もうひとつは、起立性調節障害という外見からは分からない病気であるために、他人に理解されないことに苦しい思いをしています。

井上ひさしの『**父と暮せば**』という戯曲があります。広島で被爆した美津江は、被爆を知っても結婚しようと言ってくれる木下との恋愛に悩みます。主人公は恋愛して幸せになりたいと思う一方で、木下との恋愛を思いとどまろうとする気持ちの間で揺れます。美津江は「うちよりもっとえっとしあわせになってええ人たちがぎょうさんおってでした。そいじゃけえ、その人たちを押しのけて、うちがしあわせになるいうわけには行かんのです」と、恋愛を諦めようとします。

美津江は、原爆が投下されて家が潰れ、その下敷きになっている父親に促されて一人逃げたことが心の傷になっています。あの世からお父さんが現れて、「わしの一等《えっとー》おしまいのことばがおまいに聞こえとったんじゃろうか。「わしの分まで生きてちょんだいよォー」……そいじゃけえ、おまいはわしによって生かされとる」と、恋愛を成就して美津江に幸せになってくれと励まします。

私がこの戯曲を思い出したのは、あなたのケースとは違う面も多いですが、他人から見えない病気が原因で自分の気持ちが切り裂かれる、という点は似ているからです。

この戯曲では、美津江は最終的に自分の見えない病気を明らかにします。あなたも「なぜ譲らないか」と言う人に「貧血で……」という以上に、「私は起立性調節障害がある」とはっきり説明する方法もあります。そうすればこれまで「若いんやから元気や」と納得しなかった、おじさん、おばさんの中にも理解する人がいるでしょう。ただ、一般的に自分から見ず知らずの人に病名を言うのは非常に勇気がいる行為ですね。もちろん苦痛に無理に耐える必要はなく、あなたには座る権利があります。そのまま座っていてください。

「お年寄りに席を譲りたい気持ちが強い」あなたは、優しさゆえにもどかしさを感じていますが、その経験は他人を思いやるという大切な心を育んでいるはずです。

Q. 楽しくお金を使いたい

五〇代後半です。お金の使い方についての悩みです。

まったくお恥ずかしい話ですが、子どもの頃はそうでもなかったのですが、学生時代に、あなたはちっともお金を楽しそうに使わない、と言われました。なるほどそうかもと思ったのが最初で、それ以来お金を使うのが楽しくありません。

主人は自営業でまだ仕事をしています。厚生年金と国民年金も少しですが、もらっています。私も少し収入があります。野菜はできるだけ畑で作り、なるべく買わないようにしています。人とのつき合いのサークルも会費は合わせて月一万円までと決めています。旅行はタダで連れて行ってくれるものを選び、試食会、試写会などもあれば参加します。友人とのミニ旅行もなるべくお得感のあるものを選んで誘います。人はそんなこと思っていないかもしれないのに、お得感があるとこの上なく楽しい気分になります。

高い料金のものに参加しても満足できればよいのですが、大枚払って有名人のコンサートに行ったときも、手抜きしているんじゃないかとか疑念がわき、後悔しきりでした。バイキングもだめです。目いっぱい食べてしまうと、あとで苦しくて損と分かっていても、意地汚さが許しません。このままでは楽しくお金を使って死ぬということができそうもありません。どうしたらよいでしょうか。

（女性　五〇代）

A. 人のために使えばもっと楽しいはず

あなたは、お金を楽しく使えないと悩んでいます。気前よくお金を使うことを楽しいお金の使い方だとしましょう。では、偶然お金を拾ったら楽しく使えるでしょうか。

「芝浜」という落語があります。魚の行商をしている勝五郎は酒好きの怠け者ですが、久しぶりに仕入れに行くと、芝の浜辺で大金を拾います。勝五郎はうれしくて酔っ払い、目覚めると、女房に夢だと言われます。これをきっかけに、勝五郎は一生懸命働き、店を構えるまでになります。実は、女房は、拾った大金を大家に頼んでお上に届けていたのですが、持ち主が現れず大金をもらい受けたと打ち明けます。女房は久しぶりにお酒を勧めますが、勝五郎は「よそう……また夢になるといけねえ」というオチで終わります。

持ちつけないお金を気前よく使おうとすると、生活が崩れてしまいます。世界一の投資家ウォーレン・バフェットは巨額のお金や株式を持っているはずなのに、金融街でなくアメリカ中西部の地元オマハに住んで質素な生活をしており、ブッシュ政権の相続税減税に反対しました。「オマハの賢人」と呼ばれるゆえんです。

では、ケチとはどういう人を指すのでしょうか。落語に**「しわい屋」**という話があります。究極のケチ比べです。

お向かいに金槌を借りようとすると、「なにを打つんだ、鉄《かね》の釘か、竹の釘か、どっちだ?」と聞かれ、鉄の釘だというと、すり減るから貸さないと断られます。「じゃあ、うちのを出して使おう」となります。

扇子を半分開いて五年間使い、残りの半分で五年間使って扇子を一〇年もたすと自慢すると、扇子は威勢よく全部開いて使うが、傷みが早いので自分で首のほうを振ると返します。ケチもここまでくると、あきれられます。

あなたはお金に振り回されることもなくケチでもありません。そして「お得感があるとこの上なく楽しい気分になります」とあるように、十分楽しくお金を使っています。あなたはお金に見合う満足が得られるかを常に考えており、実に合理的で堅実です。

今度はさらに、個人の満足だけでなく、他人に役立つお金の使い方を試してみてはいかがでしょうか。たとえば、本当に困っている人に届く形でお金を寄付したり、環境をよくする再生可能エネルギーへ投資をしたりするのもひとつです。これらが無駄にならずに、本当に人に役立ったことが分かれば、あなたなら楽しいと感じるはずです。

Q. 高齢で通信教育受けられる?

七九歳女性です。

夫は七六歳で末期がんとなり、入院一か月で他界したのですが、あまりのショックで私はただ呆然とし、娘夫婦が葬式の一切を仕切ってくれました。

葬儀後、独りになった私は、精神状態がさらに悪くなり、やらねばならない喪の仕事を、一つひとつ片付けるのも大変な思いでした。それでも限りない喪失感と悲哀は増すばかりで、いっそこのまま主人の後を追いたいと考えた時期もありました。遺影に語りかけ、もっぱらこの先どうして生きていけばよいのかと不安ばかりの日々でした。

結局仏門に入れば私の心はいやされるだろうと思い、大学の通信教育の学部に入ることにしたのです。しかし、年齢から考えても七九歳の私に、通信教育といえども全うできるかどうか、迷っています。

娘に相談したら、いとも簡単に「入ればいいじゃないの。勉強するのに年なんて関係ないわよ」と言われ、ポンと背中を押してくれたのでうれしかったです。必要書類は全部そろい、あとは入学金を払い、領収書を同封して願書とともに送ることになっています。パソコンもインターネットもない私ですが、読み、書く、リポート通信の繰り返しで、果たして単位が取得していけるものでしょうか。もちろん年に一〇日間程度のスクーリングもあります。卒業まで最短二年かかります。

（女性　七九歳）

A. 自分の欲得のためでなく学ぶ

七九歳の高齢にもかかわらず大学の通信教育課程の学部に入ろうとするあなたのような行動を、称賛する人は多いだろうと思います。でも、高齢の方には生きがいが必要だろうという考えから、そう言うのかもしれません。

学ぶことの本来の意味を思い起こすために、福沢諭吉の**『学問のすゝめ』**をひもといてみましょう。

諭吉は、まず初編で「賢人と愚人との別は、学ぶと学ばざるとに由《よ》って出来《いでく》るもの」だと述べ、「人は生れながらにして貴賤貧富の別なし。ただ学問を勤めて物事をよく知る者は貴人となり富人となり、無学なる者は貧人となり下人となるなり」と言います。これを素直に読めば、学ばなければ偉くなれず、豊かにもなれないということになります。

しかし、学問は立身出世のためにあるのでしょうか。諭吉は、九編で「凡《およ》そ何人にてもいささか身に所得あればこれに由《よ》って世の益をなさんと欲するは人情の常なり。或いは自分には世のためにするの意なきも、知らず識《し》らずして後世子孫自ずからその功徳を蒙《こうむ》ることあり。人にこの性情あればこそ人間交際の義務を達し得るなり」と述べています。

自分で「衣食住」を満たすだけなら虫の「蟻」と変わらない。知らず知らずのうちに人間は社会に役立とうとする気持ちを持っており、それこそが人間としての責務なのだと言っているのです。

いつの時代からか、世の中では、いい会社に就職するためにいい大学に入ろうとすることが普通になっているといえます。その風潮の中で、目的と手段が転倒してしまい、大学で学ぶという目的そのものが曖昧になってしまう場合もしばしば見受けられます。

しかし、七九歳のあなたが学ぶ目的は、もはや立身出世のためではありません。亡き夫のために仏門に入ることを決意し、そのために大学の通信教育を受けたいと考えています。その目的は、決して自分の欲得のためでもないことは明らかです。

たしかに高齢で多少苦労するかもしれませんが、ぜひ頑張ってほしいと思います。

あなたにはそういうつもりはないにせよ、あなたが学ぶ姿は、きっと若い人たちに、学ぶことの大切さを教えてくれるはずです。

それは、まさに諭吉がいう「知らず識らずして後世子孫自ずからその功徳を蒙ること」に他ならないと、私は思います。

◆この章で取り上げた物語一覧◆

『ミル自伝』ジョン・スチュアート・ミル、朱牟田夏雄訳、岩波文庫
「桃太郎」『桃太郎・舌きり雀・花さか爺——日本の昔ばなしⅡ』関敬吾編、岩波文庫ほか
「金太郎」楠山正雄『日本の神話と十大昔話』講談社学術文庫ほか
『父と暮せば』井上ひさし、新潮文庫
「芝浜」『落語百選　冬』「しわい屋」『落語百選　夏』麻生芳伸編集、ちくま文庫
『学問のすゝめ』福沢諭吉、岩波文庫

8

嫉妬と
コンプレックス

人間が信頼関係を築くうえで、最も邪魔をする感情が嫉妬とコンプレックス（劣等感）です。嫉妬とコンプレックスほど社会科学にとって扱いにくいものはありません。誰もが持っている感情でありながら、それはどこかで卑しい感情であり、そして個人的なものと見なす傾向があります。それゆえ、経済理論でも政治理論でも、こうした感情は理論的に敬遠されがちです。

しかし、嫉妬とコンプレックスは社会の基底で確実に働いています。学歴、職業、家柄、資産や所得、容姿、障がいの有無など、その種は尽きません。嫉妬とコンプレックスは時として、その人を向上させる原動力になることもあります。しかし、現代の社会では、往々にして人間関係を分断させる力として働いてきます。格差がひどい社会ほど、嫉妬やコンプレックスの感情が強くなります。嫉妬の感情を裏返していくと、差別や偏見を生み出します。残念ながら、人はかなわない強者にへつらうほど、より下に見る人間を見いだし、自分の心の安寧を得ようとします。差別や偏見がひどい社会ほど、自分のわずかな弱点さえもがコンプレックスになりえます。それは積極的に社会に働きかける力を萎えさせていきます。こうして、嫉妬とコンプレックスは時として人々を分断し、連帯することを妨げていくのです。

では、どうしたら嫉妬やコンプレックスを和らげることができるのでしょうか。答えは多少迂回的になります。人間は多様な面を持っています。違いは違いであって、それ自体は優劣ではありません。たとえ障がいやLGBT（性的少数者）などであっても個性として認め合うことが必要になります。それは、多様な個性を尊重する社会、多様な価値観を認め合う社会を創ることを意味します。ようやく日本でも、社会的に「弱い」とされる人たちが、当事者として発言するようになってきました。ダイバーシティ（多様性）こそが民主主義社会を成り立たせるために必須です。人はいろいろと違っているのが当たり前なのです。

Q. 周囲が私の学歴を気にしてます

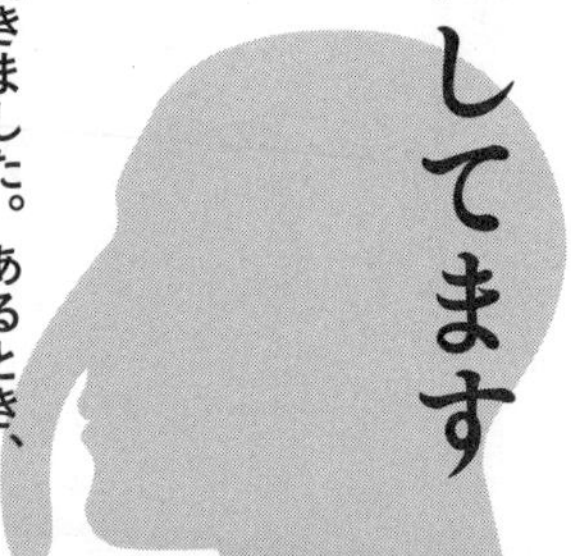

四〇代の女性です。

約二〇年前に高校を卒業し、銀行に就職して一〇年以上窓口で働きました。あるとき、知り合いから紹介された大学助教授の男性に「おつき合いをしてほしい」といわれ、何回か食事をしましたが、学歴の話になり、私が高卒だと知ると、その後、音信不通になりました。

そのときは学術関係の仕事についている方なので仕方ないと思いましたが、その直後、銀行の同僚から高卒なのによくうちの銀行に就職できたわね、というようなことを言われました。

これを機会に劣等感を持ち、人間不信にもなりました。悔しかったので必死に英語を勉強して海外の大学に留学、卒業しました。帰国後、派遣会社に登録して通訳として働いています。派遣先の一部上場企業で、社員の女性に昼食に誘われるのですが、必ず私の学歴を含む過去の経歴に探りを入れるので、嫌で嫌でたまりません。

　必死に話題を変えようとする自分も嫌です。その結果他人と話すのが嫌になり、昼食も一人でとるようになりました。せっかく頑張って留学して劣等感を克服したつもりだったのに、これから一生いじいじと人を避けて働いてゆくのかと思うと、うんざりしてしまいます。

　私はどう対処すればよいのでしょう。どうしたらこの劣等感から解放されるのか、厳しく具体的な助言をお願いします。


（派遣通訳　女性　四〇代）

A. あなたの貴重な経験を聞きたい人も

　人は、誰でもどこかに劣等感を抱えています。自尊心の高い人はしばしばそれが行きすぎて、物事がうまくいかなくなったとき、何でもそのせいにしてしまいます。

あなたは、知り合いから紹介された大学助教授と「音信不通」になったのは自分が高卒だったからだと述べていますが、確かめてみたのでしょうか。もしかしたら、それは思い込みかもしれません。

実際、あなたは、必死に英語を勉強し海外の大学を卒業して通訳になりました。私も含めて日本人の多くは英語をしゃべるのが苦手です。通訳は簡単になれる職業ではなく、あこがれる人もいます。なのに、派遣先の女性社員が「必ず私の学歴を含む過去の経歴に探りを入れる」と考え、嫌がっています。もしかしたら、どうして通訳になれたのかを知りたがっているかもしれないのに……。

芥川龍之介の**『鼻』**という小説があります。この物語の主人公は、あごまでぶらさがるような巨大な鼻を持っていることを苦にする禅智内供《ぜんちないぐ》という僧侶です。

彼は「自分で鼻を気にしているという事を、人に知られるのが嫌」で、「この鼻によって傷《きず》つけられる自尊心のために」苦しみます。人も、その鼻ゆえに妻帯できないのだと噂します。あるとき、弟子が知り合いの医者から長い鼻を短くする方法を聞いてきて、それを実行します。それがうまくいき、内供の鼻は短くなって、彼は「のびのびした気分」になります。ところが、大きな鼻のころよりも、人は彼をじろじろと見たり、つけつけと晒《わら》ったりするようになります。内供は「なまじいに、鼻の短くなったのが、かえって恨めしく」なります。

あなたの話とよく似ていませんか？

しかし、芥川の小説には続きがあります。ある日、内供は熱を出し、一晩のうちに、再び、あのあごまでぶらさがる巨大な鼻に戻ってしまいます。そして彼は、「こうなれば、もう誰も晒うものはない」と、「鼻が短くなった時と同じような、はればれした心もち」になります。

あなたは自分の「劣等感」を消そうとばかり考えています。逆ではありませんか。あなたは自分の劣等感を克服するために努力して通訳にまでなった貴重な経験の持ち主です。誰でも、あなたと同じく劣等感を抱えています。あなたの貴重な経験を人に伝え、英語が苦手なだけで劣等感を持っている人を助けてあげられませんか。

Q. 他人と比較してしまう自分です

三四歳、一児の母で専業主婦です。何でも比較してしまう自分の性格について相談です。昔から見栄っ張りで負けず嫌い。子どものころから勉強やスポーツに励み、人より上に立ちたいがために就職は大手企業しか狙わないなど、そのための努力は惜しまないタイプでした。

結婚し、子どもができて専業主婦の現在は、今度は夫の経済力で、人に負けたくないがためにまた見栄を張ってしまいます。

住まいや服装、持ち物、生活レベル、旅行。たとえば自分たちよりもよい車に乗っている、海外旅行をした、外食をしたと聞くと、悔しくてその友人と会うのも、顔を見るのさえ嫌になってしまいます。また、うらやましいと感じる話を心から喜んで聞いてあげられず、顔がひきつってしまったりもします。

結局、自分が負けてはいないと感じる、または比較する対象が違うタイプの友人とばかり会うことになります。こんなに性格の悪い自分が怖くなることがあります。そのうえ、見栄っ張りなために、自分がよく思われたいから、こういう発言をしておこう、こう言ったら損だから、とりあえず黙っていよう、などと計算を働かせます。そんな自分にもほとほとうんざりです。

優しい夫と子どもがいて、幸せでありがたいことです。でも、こんな性格では妻として母として最低だと思います。この性格は改まるのでしょうか？

（専業主婦　三四歳）

A. 努力で得られるモノなのだから

あなたは「何でも人と比較してしまい、見栄っ張りで負けず嫌い」と悩んでいます。他人は気にしないことです、と言いたいのですが、それでは解決にならないでしょう。

「白雪姫」の話を思い出してみましょう。自分が一番きれいだと思っている継母のお后が、魔法の鏡に「一番きれいな女はだあれ?」と聞くと「白雪姫」と答えるようになります。嫉妬深い継母のお后は、狩人に白雪姫を森に連れていって殺すように命じます。ところが、狩人は不憫に思い逃がします。

白雪姫は小人たちの家で生活するようになります。今度は、継母は小間物を商うばあさんに変装して、小人の家に行き胸ひもを売りつけ、それで白雪姫の胸を締め付けて息を止めます。だが、帰ってきた小人が白雪姫を助けます。そこで、継母はまた変装して毒リンゴを白雪姫に食べさせてしまいます。王子様が白雪姫を助けますが、グリム童話集の「白雪姫」(雪白姫)の結末は残酷です。継母のお后は炭火で真っ赤に焼けた鉄の上靴をはかされ、踊り狂って死んでしまいます。

「白雪姫」の主人公は、実は継母のお后で、人間の嫉妬深さを描いた話なのです。では、この継母のお后と比べ、あなたの「負けず嫌い」は性質が悪いでしょうか。私はそう思いません。継母のお后は、自分で努力のしようもない美貌を嫉妬の対象にし、自分より優れた者を攻撃します。しかし、あなたは違っています。幼いときから勉強やスポーツや就職でも「努力は惜しまないタイプ」だし、決して他人を攻撃しようとはしていません。

たぶん問題は、優しい夫に満足しながらも、「夫の経済力」ばかりは自分の努力ではどうにもならないという点にあるのではないでしょうか。だから、「自分が負けてはいないと感じる、または比較する対象が違うタイプの友人」とつき合うことで、問題を避けるしかなくなるのです。きっとあなたは専業主婦になって、目標をもって努力するという自分の良さを生かしきれていないのだと思います。

「住まいや服装、持ち物、生活レベル、旅行」などで他人に負けたくないなら、あなた自身が努力して得ればよいのです。主婦が仕事を持つことには困難が伴いますが、負けず嫌いのあなたなら道はあるはずです。参考になる女性を思い浮かべて、心の鏡に向かって「いちばん努力しているのはだあれ？」と聞いてみてはいかがでしょうか。

Q. 気が利かないと言われ続け

今春大学を卒業し、社会人になった二二歳の男性です。自分を変えたいと強く思い、このたび、相談させていただきます。

昔から、気が利かないと親に言われ続けています。誰も口に出しては言いませんが、周囲も恐らく私を気の利かない人間だと思っています。

母が忙しいとさりげなく手伝う妹と違い、私は言われるまで動きません。家の中だけでなく、外でもこのようなことがよくあります。急いで私が動こうとしても、すでにやることがなくかえって邪魔にしかなりません。人が動く前に自分が動くということができず、その結果「言われたからやる」というふうになってしまいます。

もちろん私も行動が遅れたときは反省し、次からは気をつけようと思うのです。しかしそう思ってもすぐに忘れてしまい、また同じことを繰り返してしまいます。

多分私には他人に対する配慮の心と、周囲に対する気配り、気付いたときにすぐに実行する行動力が足りない。自分しか見えていない人間のうえ、言われないと分からないのだと思います。どうすればこんな自分本位な姿勢を正せるでしょうか。
社会に出れば気が利くのが当たり前、気が利かない人間などお荷物でしかないでしょう。もう社会人になったにもかかわらず、こんな自分が嫌でひたすら情けないです。

（男性　二二歳）

A. マイナス思考やめ長所を磨こう

あなたは自分が気の利かない人間で、周囲もそう思っていると悩んでいます。だからといって、私が、気が利くように自分を直せとアドバイスしても始まりません。たとえ気が利かなくても、努力次第で見事に仕事をやりとげ、尊敬を集めることができます。
幸田露伴の**『五重塔』**という小説があります。主人公の十兵衛は大工の腕はいいが、「のっそり」とあだ名がつくほど気が利かないがゆえに、「長屋の羽目《はめ》板の繕いやら馬小屋箱溝《はこどぶ》の数仕事」に明け暮れ、貧乏暮らしをしています。やがて十兵衛は、普段世話になっている源太親方が請けた感応寺の五重塔の建立を、自分がどうしてもやりたいと感応寺に乗り込み、朗円上人に直談判します。

一方、源太親方は十兵衛とは対照的に、人の心を察し、気が利き、面倒見もよく男前です。朗円上人は二人を呼び、五重塔の仕事を分け合うように諭します。源太親方は、最初は腹を立てますが、上人様の気持ちを察し、気を利かしてこれを受け入れ、自ら十兵衛に仕事を分け合うように申し入れます。しかし、十兵衛はお世話になっているから、と源太親方が一人でやってくれと断ります。源太親方は男としての評判を考え、五重塔の仕事を譲るばかりか、自らが持つ絵図も貸そうとしますが、十兵衛はそれをも断ってしまいます。

そのことが分かると、源太親方の弟子の清吉が十兵衛を襲い、親方は不本意ながら十兵衛に謝ります。一方、十兵衛は傷を負いながらも、見事な五重塔を完成させます。五重塔は二〇〜三〇年に一度の暴風雨にあいますが、「釘一本ゆるまず板一枚剝がれ」ないで残ります。この暴風雨の後、朗円上人は「江都《こうと》の住人十兵衛これを造り川越源太郎これを成す」と記します。

当たり前のことですが、人は誰でも長所と短所、強みと弱みの両方を持っています。短所を直そう直そうと考えると、いつしかマイナス思考に陥ってしまいます。他方、短所を打ち消すほどの長所を持てば、やがて短所は短所でなくなります。十兵衛の場合、人間関係がうまくつくれなくても、仕事の技量や情熱に秀でており、それが立派な仕事に結びついたのです。

とはいえ、性格的な長所を自分ではなかなか見つけられないものです。身につけられる長所は努力次第です。血のにじむような努力は人間も鍛えてくれます。二二歳のあなたには、その可能性がたくさんあるはずです。

Q. ねたみ、そねみが強すぎます

六〇代の主婦です。

思い起こせば、幼少時代から私の嫉妬心は燃えていたようです。私は父親に、容貌を始め性分が似ていました。父親は、美形の母親に対し、よその男性と言葉を交わすだけで顔をしかめていたヤキモチ焼きでした。

友人がかわいい服を着たり、男子からもてたりすると、うらやましがるのを超えてすぐねたみ、つき合いを避けてきました。中学高校では、関心事は成績と容貌ですが、正直言うと、どちらも秀でていた女子の足を引っ張り、嫌がらせさえさりげなくやっていました。

その後成績もふるわず、進学を断念。地元で仕事に就きましたが、今もなお大学を出てないことに劣等感をいだいています。同じ高卒の夫と結婚、出産。子育てと家事を必死の思いでやってきました。結婚前に両親を失い、何で私はこうも運が悪いのだろう、顔も頭も悪くて失意の中にいる私が何でまた……と嘆きました。劣等感の塊だったのでよその芝生がやたら青く見えるのです。

高学歴夫婦、高所得の夫婦、子どもの出来がいい夫婦、近所に信頼されている夫婦が憎たらしくてしょうがない私は異常でしょうか。よその家が気になってたまらないのは、暇を持て余しているからですか。とにかくいい年をしてねたみ、そねみがひどいのが気に掛かります。何かいいアドバイスを。

（主婦　六〇代）

A. あなた自身がねたまれてるかも

あなたは「劣等感の塊」で、ねたみの感情が抑えられないと悩んでいます。こういう感情は誰にでもあります。むしろ、それを悩むあなたはとても理性的な方です。

参考になる大人の小説があります。夏目漱石の『坊っちゃん』のその後を、登場人物の一人「うらなり」を主人公に描いた小林信彦の**『うらなり』**です。教頭の「赤シャツ」にいいなずけの「マドンナ」を横取りされそうになり、延岡の中学に転勤させられるのが「うらなり」です。

「うらなり」こと古賀先生は、あなたと同じく「コンプレックスだらけ」ですが、自分を「人を憎んだり、恨んだりすることのすくない人間」だと思っています。彼は父親の死後、詐欺にあって財産を奪われ、延岡に飛ばされた後に、姫路の商業学校に移ります。そこで、近所の世話好きのおばさんが持ってくる見合い話も、相手から「生気がない」と断られてしまいます。そんな中で、山の中に住む美しい娘と結婚し、子どもを二人もうけ、孫もできます。その妻に先立たれ、肝硬変を患いながらも深酒をやめられなくなっている、と独白するところで小説は終わります。

おもしろいのは、古賀先生から見ると、「坊っちゃん」は、教頭の「赤シャツ」と「山嵐」こと堀田先生の私闘に割り込んできた「軽薄」で「思慮分別に欠けた人」であり、「人の心に土足で入ってきて」、「自分の考えや行動はよろず正しいと思っている」人物に見えることです。

また「マドンナ」は、大阪の木綿問屋に嫁いだ後、金に困って古賀先生に手紙を出し、二人は再会しますが、二時間も遅れてきたマドンナは「公設市場で買物をするおかみさん風の女」になり、「心の荒廃とおろかしさ」が「顔に浮き出て」いました。

誰かに好人物と見られている人も違う誰かにはまったく逆に見えるし、いま良い境遇にあると思っている人も、いつでも不幸になりえます。

あなたが憎らしいと思う「高学歴夫婦、高所得の夫婦、子どもの出来がいい夫婦」も、うかがい知れない悩みを抱えているかもしれません。それに彼らが将来どうなるかは誰にも分かりません。

幸せか不幸かは人それぞれ。絶対的な基準などないのですから、他人に惑わされずに、ご自分やご家族のよいところを見つめ直してみてはいかがでしょうか。案外、あなたは他人よりも幸せな人生を歩んでいて、人からねたまれているかもしれませんよ。

Q.「社会不適応」の私です

四〇代後半の男性です。一〇年ほど前に地方公務員を自ら辞めてしまって以来、自分なりに努力していますが定職に就けません。もちろん未婚です。

公務員を辞めたのは、当時は生涯現役で働けるような仕事が自分の理想で三〇代最後ならまだやり直せると思ったこと、頑張ろうと思っていた仕事の担当を外され、口うるさい女性職員によるストレスが大きくなっていたこと、実家では未婚の妹が両親の面倒をみていて父が認知症になったと聞き、漠然と不安を感じていたことなど、いろいろな要素がありました。

退職後、求人広告ではわからない現実を知りました。学歴や公務員の経験は役に立たず、年齢と実務経験がすべてでした。

母の入院を機に実家の団地へ移り、妹とともに親の世話にあたりました。父は私が子どもの頃から定職がなく、私と同じ「社会不適応者」でした。酒飲みだったため認知症になる前から母や妹は泣かされていました。母は私が帰郷後すぐ他界し、父も二年後他界しました。

人生への取り組みを再開しましたが、職探しは厳しく、配偶者も子もなく、時々絶望感に押し潰されそうになります。「社会不適応」の遺伝子を自分の代で終わりにできて良かったと自分に言い聞かせますが、悔しい思いは消えません。負け組確定の人生、何を心の支えにしたらよいでしょうか。

（無職　男性　四〇代）

A．人のために働ければ「負け」はなし

あなたは地方公務員を辞めてから定職につけず、結婚もできないために「負け組確定の人生」で、「社会不適応者」の父の遺伝子を引き継いでいると、逆らえない運命のように考え始めています。

でも、「社会不適応」とはどういうことなのでしょうか。それを考えるヒントをくれるのが、J・D・サリンジャーの**『ライ麦畑でつかまえて』**という小説です。

主人公のホールデンは、学校や社会になかなか「適応」できずに、四校目の退学処分を受けます。彼は大人たちから心が病んでいると見られていますが、純粋な心の持ち主です。そしてこの小説は、まだ両親が退学処分を知らないために、帰れずにいた三日間の心の動きを描きます。

一日目は寮のルームメートが、自分が好きだったジェーンと深い関係になったことを知り、殴りかかって逆にやられてしまいます。次の日、学校の寮を出てニューヨークのバーを渡り歩き、サリーという女の子を誘いますが、つい彼女を言葉で傷つけてしまい、けんか別れします。英語の先生だったアントリーニの家へ行き、泊めてもらおうとしますが、精神分析めいたことを言われ、そこも飛び出し、妹のフィービーにこっそり会いに行くのです。

ホールデンは、妹に、こう語りかけます。広いライ麦畑に、彼の他に大人はおらず、たくさんの子どもがいて、「僕はそのへんのクレイジーな崖っぷちに立っているわけさ。で、僕がそこで何をするかっていうとさ、誰かその崖から落ちそうになる子どもがいると、かたっぱしからつかまえるんだよ。つまりさ、よく前を見ないで崖の方に走っていく子どもなんかがいたら、どっからともなく現れて、その子をさっとキャッチするんだ。そういうのを朝から晩までずっとやっている。ライ麦畑のキャッチャー、僕はただそういうものになりたいんだ」と。

社会に受け入れられなければ、誰でも苦しい思いをします。ホールデンの心を支えてくれたのは、兄や死んだ弟や妹です。そして、「ライ麦畑のキャッチャー」のように、純粋な子どもたちを守る仕事につきたいと思うのです。

あなたも公務員を退職した当時、「生涯現役で働けるような仕事」を理想と考えていました。それは単純に会社勤めを意味するわけではないはずです。ご両親の面倒を妹一人だけに押し付けられないと実家に帰ったあなたは、妹さんを大事にする優しい人です。

確かに現実的には職探しは厳しいかもしれませんが、少し発想を変えて「生涯現役で働けるような」定年のない仕事や社会活動を見つけるために、再スタートしませんか。ささやかでも生涯、人の役に立ち続ければ、人生に「負け」はありません。

Q. 容姿のことで悩み始めて

五〇代の女性です。

最近、容色の衰えが気になりだしました。元々、外見にはそんなに構わないほうです。十人並みの容姿でとくにコンプレックスはありませんでした。見た目よりも内面の充実が大切だと、自分自身を磨いてきたつもりです。

しかし、たまたま若い男性従業員の方と接した機会に、生まれて初めて自分の容姿に引け目を感じてしまいました。それから、年齢相応というかやつれた自分の顔をみるとどうしたものかと悩むようになりました。

機会があってメーキャップ指導も受けましたが、化粧した自分の顔が好きになれませんでした。何だか「性格の悪いおばさん」に見えてしまったからです。ＴＰＯに応じてメイクすることもありますが普段はほぼノーメイクです。勤めを数年前に辞めたこともあり、緊張感のない生活も影響しているかもしれません。こんな私に対して、娘以外の家族は許容しておりますが、実家の身内はあきれているようです。娘は私と対極の「盛りメイク女子」です。

五〇年生きて自分自身を受容できているつもりで、容姿のことで悩むとは思いもよりませんでした。外見を気にしないと言いつつ、自分がおばさんであることを認められないだけかもしれません。あこがれる年長女性はいますが、その人を目指す気にはなれません。

金子先生によきアドバイスをお願いします。


（女性　五〇代）

A．気になりだした背景を考えて

あなたは「十人並みの容姿」と書いていますが、きっと美しい方なのだと思います。ところが若い従業員と接したときに、年齢による衰えを意識することになりました。

男性でも女性でも、年齢による容姿の衰えは避けられません。メイクや内面で補える範囲も限られています。

若い男性従業員と接した機会に、どんなやりとりが交わされたのか書かれていませんが、「引け目を感じた」のは、若い相手の視線を強く意識しつつも、自分はその恋愛の対象ではありえないということを再確認したからでしょうか。

相手は、あなたをむしろ母親に近い存在として認識したのかもしれません。年齢ばかりはいかんともしがたい、と言わざるをえません。

女優の岸恵子さんが書いた**『わりなき恋』**という小説があります。主人公の伊奈笙子は国際的なドキュメンタリー作家で六九歳。相手の九鬼兼太は世界を駆け巡るビジネスマンで五八歳。高齢にさしかかった女性と妻子ある男性との恋愛小説です。それが成り立っているのは、主人公の笙子は一線で男性以上に働き、娘は結婚してパリに住んでいて、家庭や生活感がほとんどなく母親としてはほとんど登場しないからです。

まるで映画のようにおしゃれな場面が連続します。パリ行きの飛行機のファーストクラスで隣り同士になり、パリのすし屋で会って初めて食事をし、世界中から九鬼が送るファクスや携帯メールに笙子が返事を書くようになり、おしゃれなレストランやバーで逢瀬《おうせ》を重ね、二人は結ばれていきます。しかし、七年間続いた恋も、偶然の災害から九鬼の家庭の問題が表に出ることで終わりを迎えます。

言うまでもないことですが、誰もがこの小説の主人公のように、奔放な恋愛をすることなどできません。

ところで、あなたが容姿の衰えが気になりだした直接の契機よりも、その背景のほうを考えてみましょう。「勤めを数年前に辞めたこともあり、緊張感のない生活も影響しているかもしれません」とあなたは気づいています。

外で働き他者との関係を意識していくことで、人間として輝く面があります。その喪失感が容姿の衰えを意識させているように思えます。

心がけて社会的に活動する時間を増やし、切り替えをして母親としても充実した時間を過ごせば、年齢相応に美しく輝くことができるのではないでしょうか。

◆この章で取り上げた物語一覧◆

「鼻」芥川竜之介『羅生門・鼻・芋粥・偸盗』岩波文庫ほか
「雪白姫」『完訳　グリム童話集㈡』金田鬼一訳、岩波文庫ほか
『五重塔』幸田露伴、岩波文庫
『うらなり』小林信彦、文春文庫
『ライ麦畑でつかまえて』J・D・サリンジャー、野崎歓訳、白水Uブックス、引用は、『キャッチャー・イン・ザ・ライ』村上春樹訳、白水社、二〇〇三年より
『わりなき恋』岸恵子、幻冬舎文庫

9

融和か闘争か

人間には「怒り」という感情があります。怒りの感情は人の行動の原動力になることがあります。しかし、人は時として、ささいなことにも怒りの感情を抑えられなくなり、方向感を見失ってしまうことがあります。目の前の出来事と関係のない不満、不安、不快さなどが、まったく別のほうへ怒りとなって向けられてしまうこともあります。怒りの感情はいったん放出してしまうと、ストレスを和らげる作用があるからです。しかし、それは必ずしも後味のよいものではありません。だからこそ、人は怒るべき出来事に遭ったとき、まるく収めるか、一気に怒りを爆発させて闘うか、迷うのです。では、自分の中に生ずる怒りの感情をどのようにコントロールしたらよいのでしょうか。

私の答えは逆説的です。それは、不公正や理不尽なことに対して、より深く強い怒りの感情を持つことです。人間には一生を通じて闘わなければならないことがあります。その根底には怒りの感情がありますが、それが向けられるのは、より強い者に対してであり、その「強さ」をかさにきて人間の尊厳を根本的に傷つけるときです。強者への怒りは、むやみに、軽々しく表出させるものではありません。それは静かで、深く、強く、そして簡単には消えることがないがゆえに、粘り強いものです。そういう一生を通じて消えない怒りの感情を心の中に秘めている人は、ささいなことではいちいち怒ることはありません。それゆえ、日常的には他人に対して寛容であり続けることができます。

実際、ふだんは穏やかに見えて、怒ると怖い人がいます。始終怒っている人が怒っても、人は軽く見るようになりますが、こういう人に対しては、軽んじてはいけない、傷つけてはいけないと考えて接します。いつの間にか、相手を尊重するようになるのです。怒るべきときは本当に怒る。しかし、ふだんは寛容である。それが互いを尊重する民主主義社会の成熟した大人のマナーだと、私は思っています。

Q. 両親の口げんかが絶えません

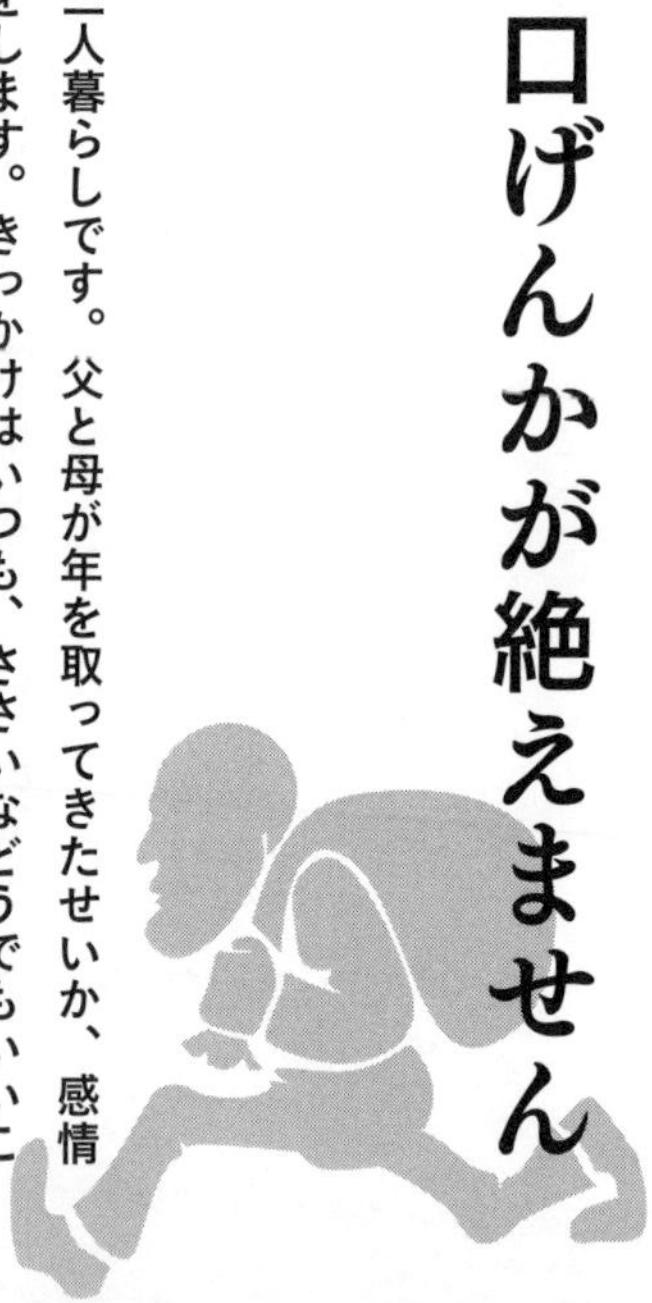

三〇代の独身女性です。

八〇代の父、七〇代後半の母と三人暮らしです。父と母が年を取ってきたせいか、感情の起伏が激しくなり、よくケンカをします。きっかけはいつも、ささいなどうでもいいことですが、いつのまにか口論になります。

とくに朝は父の機嫌が悪く、イライラしていて細かい事柄にまで難癖をつけ、対抗して母が言い返し(言い分はたいてい母のほうが正しいのです)、険悪な雰囲気になってしまいます。

間に入る私はいつも、大げんかに発展しないようフォローするのですが、食事しながら気を遣うので食べた気もせず、胃が痛くなります。親が年を取るにつれ、この傾向がますます強くなっていくと思うと本当に憂うつです。私が家を出られればいいのですが、持病があり、親がかりにならざるをえません。

二人はもとから仲が悪いわけではなく、たぶん普通の夫婦よりは仲がいいと思います。でも、だからよけいに「分かってくれるはずだ」と思っているふしがあるのです。それに、老人特有の聞き間違い、勘違い、短気などの要素が絡み、つまらないことでケンカになってしまうようです。近頃は飼いネコまで口論が始まると逃走します。

どうしたら両親にもうすこし和やかになってもらえるでしょうか。それが無理なら、私が二人の挙動にびくつかないためには、どうしたらいいですか。

（女性　三〇代）

・・・・・・・・・・・・・・・・・・・・・・・

A. みんなで笑う機会を増やせば

人生相談にありがちな回答としては、「けんかするほど仲がいい」とか、「夫婦げんかはイヌ（あなたの場合はネコですが）も食わない」と書いてすませるパターンがあります。これだと、何も具体的なことを書かなくていいので、回答者にとって非常に楽ちんだからです。

たしかに、これには一面の真理もあります。実際、あなたは「普通の夫婦よりは仲がいい」から「よけいに「分かってくれるはずだ」と思っているふしがある」と書いています。問題はあなたが苦痛に感じていることです。

落語の**「〆込み《しめこ》」**をご存じですか。話はこうです。

泥棒が盗みに入り、家にあった風呂敷を広げて大きな包みを作っていると、亭主が帰ってきたので隠れます。包みを見た亭主は女房が間男をして家を出ていくと勘違いし、帰ってきた女房と大げんか。見かねた泥棒が出てきて仲裁に入り仲直りします。やがて亭主と泥棒は酒盛りになり、泥棒は寝てしまうのです。

「物騒だから戸じまりをして、これから寝ようじゃあねえか」「物騒だって言ったたって、泥棒は家に寝ているじゃあないか」「そうか、それじゃあ、表から心ばり棒で、しっかりしめ込んでおけ」というのがオチです。

「怒る」の反対は「笑う」――「笑い」はギスギスした雰囲気を和らげてくれます。誰かにけんかをしないようにさせるのは至難の業ですが、それと比べれば、生活に「笑い」を持ち込むほうがずっと楽です。

もしご両親がお嫌いでなければ、寄席通いに誘ってみてはいかがでしょうか。落語の話や噺家《はなしか》のことがきっかけになってけんかが始まってしまっては身もふたもありませんが、みんなで一緒に笑う機会が増えれば、それだけで生活も潤います。

そのうち、あなたが家でも冗談を言えるようになれば、もっといいのですが。タレントのデーブ・スペクターさんはギャグを連発して人気です。たとえば「斎藤佑ちゃんは、日本ハムなのに肉離れはまずかろう」とか「今年の夏にブームになりそうなデザイナー↓冷えーる・カルダン」とか「年取ったフランスの伝説のデザイナー↓イブ・サン・老眼」とか……。

よくもまあ、こうもオヤジギャグを連発できるものだと感心してしまいます。こうなると、一つの才能です。あなたも上達すれば、夫婦げんかを盗んで結局ごちそうになった「〆込み」の「泥棒」になれるかもしれませんね。

Q. 自分の中に怒りが強すぎます

六〇歳の主婦です。

普段から、自分の気持ちが自分で苦しくなって、自分ではどうしようもなくなってしまうときが頻繁にあります。

たとえば、新聞やテレビで、動物を虐待して死なせたといったニュースが報じられていることがあります。そうすると、その誰だか分からない人間を激しく憎んで、いてもたってもいられない自分がいます。

もし、その犯人が誰だかわかったら、動物にかかわって私が仕返しをしたい、とさえ思ってしまいます。できるわけはないのですが……。

ほかにも同様に、自分の気持ちを支えきれなくなるときが多くあります。

大震災の被災者から平気でお金をだまし取るような人たち、そして自分たちの保身にばかり熱心な政治家たちも目につきます。きりがありません。

自分自身も決して、他人のことをどうこう言えるような人間ではありません。それを分かっていながら、わき起こってくる怒りの気持ちは強く、心が苦しくなります。

主人からは、年をとってきたので頭が頑固になっている証拠だろうと言われます。

でもなにか、怒りで人間不信になるときがあります。これから、どのような気持ちで生きていけばいいのか、戸惑っております。

よろしくお願いします。


（主婦　六〇歳）

A. 怒りは人間である証拠なのです

私も、怒りで心の震えが止まらなくなる経験をしました。3・11の福島第一原発事故以降の一連の出来事です。

私は、原子力委員会新大綱策定会議の委員をしていました（二〇一一年九月〜二〇一二年一〇月)が、政府も東京電力も、一〜三号機がメルトダウンしたことも、SPEEDI(緊急時迅速放射能影響予測ネットワークシステム)のデータも隠し、校庭の利用基準を二〇一一年春、「年間被曝線量二〇ミリシーベルト」に緩めました。

低線量被曝について、政治家や御用学者たちは「さしあたり健康に被害がない」と繰り返し、メディアもそれを垂れ流しました。もし責任回避のために、国民の生命と健康がないがしろにされているとすれば、この国はすでに壊れています。さらに、まだ事故原因も究明されず、国民の信頼を失っている原子力安全・保安院や原子力安全委員会が審査をし、新しい安全基準もなく、ろくな安全対策もとらずに、原発を再稼働させようとしています。この国は戦時中のような異常な状態に陥っているようにさえ思えます。

二〇一〇年に、九三歳の老作家ステファン・エセル(一九一七〜二〇一三年)の著書**『怒れ！憤れ！』**がフランスで爆発的に売れました。エセルは、レジスタンス運動の闘士としてナチスと闘い、世界人権宣言の起草委員会に加わりました。彼は自著の中で、「私はすべての人に訴えたい。一人ひとりが怒るべき理由を見つけてほしい。怒りは貴重だ」と呼びかけ、「いちばんよくないのは、無関心だ。「どうせ自分には何もできない。自分の手には負えない」という態度だ。そのような姿勢でいたら、人間を人間たらしめている大切なものを失う。その一つが怒りであり、怒りの対象に自ら挑む意志である」と語っています。

あなたが「わき起こってくる怒りの気持ちは強く、心が苦しくなります」というのは人間である証拠なのです。

エセルは続けます。「現代の社会には、互いの理解と忍耐によって紛争を解決する力があると信じる希望。そこにたどり着くためには、人権を基本としなければならない。人権の侵害は、相手が誰であれ、怒りの対象となるべきだ」と。あなたが怒る理由も、同じです。

ただ、エセルが「怒る理由は、単なる感情よりも、自ら関わろうとする意志から生まれる」と言うように、あなたは怒りを行動に表せないので苦しいのです。

自分の気持ちに素直になって、些細なことからでも行動を起こしてみてはいかがでしょうか。

Q. クレーマーの夫どうしたら?

四五歳の妻です。

私の主人はいわゆる「クレーマー」です。何か商品を購入したり、新しいことをしたりするときは必ず相手、もしくはその会社に対して怒鳴り散らしていちゃもんをつけるのです。

「電話連絡の時間帯が悪い」「こんなにたくさんの書類を客に書かせるな」「個人情報をほしがっているんだろう」「こんなものに手数料をとるのか」など。また、外出すると必ず人にぶつかっては、にらみを利かせてけんかを始めようとしたり、車が荷物をかすめて通ったとかでナンバーを控えてけんかをしに行こうとしたりしています。

結婚して一五年。結婚前は遠距離恋愛で私も気が付かなかったのですが、すぐ、頻繁に外でけんかをしていると知りました。穏やかなときもあるのですが、三人の子どもたちも、旅行や日常で彼の言動を見ており近頃は「またか……」といったふうに離れたところから見ています。

もう少し寛容になれば、とやんわり言うと、「相手が悪いんだ！　お前はあちらの味方か？」と怒鳴る始末。結婚以来、気持ちよく過ごせたらと思い、「許してあげて」と言ってきましたが、「そういうやつらばかりだから、こんないい加減な世の中になる」と近頃はエスカレート。このまま傍観するべきなのか、私が何らかのクッション材となるべきなのか教えていただきたくよろしくお願いします。

（妻　四五歳）

A.「怒り合戦」に持ち込む手も

ご主人のクレーマーぶりを心配しているあなたはまず、ぜひ**「小言念仏」**という落語を聞いてみてください。

主人公の旦那は毎朝起きてお念仏を唱えますが、「南無阿弥陀仏」の間に、次々とおかみさんに小言を言います。

「お仏壇の天井に蜘蛛の巣がはっているよ」「お花取っ替えなさい」「お線香立て掃除しなさい」……といった具合です。そして、おかみさんが御汁《おつけ》の中身をどうしましょうと聞くと、「ドジョウ屋が通るからドジョウを買え」と命じます。念仏を唱えながら、「ドジョウ屋がいっちゃうぞ」「ドジョウを鍋にいれてフタして隙間から酒つぎ込め」「そのままフタして煮てしまえ。暴れるからフタを押さえておけ」「ゴトゴトいっているぞ。苦しがっているんだ。おもしれえな」「腹出してみな浮いちゃった。ざまあみろ」で終わり。信心のための念仏を唱えながら、殺生をしてしまうというオチです。

念仏を本当の信心からではなく習慣的にやっていることを笑った落語ですが、ご主人のクレームはこの空念仏に近いかもしれません。ご主人のクレームは習慣のようになっており、対象への真剣な怒りよりも、怒ること自体が半ば自己目的化しているように思えるからです。

家の中では賢明なお子さんたちがいるのでともかく、問題は家の外です。無用な摩擦を引き起こさないために、あなたがお気づきの通り、「クッション」になるしかないとは思います。あなたがクレームの「仕分け」をして、相手に非があるときは夫に同調し、相手に少しでも理があるときは言い過ぎだとたしなめて、粘り強くクレームの質を見極めてあげるのです。

しかし、相談から察するには、長年怒り続けてそれが日常になっているご主人には、もっと手荒な方法が必要かもしれません。それは、あなたがご主人を上回るクレーマーになって先に怒ることです。

常にご主人とニュースを見るように心がけてください。社会はめちゃくちゃな出来事ばかりです。この間、不良債権問題から福島原発事故までリーダーたちが責任をとらず、閣僚は暴言失言に金まみれ。あなたは「こういうやつらばかりだから、こんないい加減な世の中になるのよ」と、ニュースのたびに激怒しまくればいいのです。そして、ご主人に同意を求めてください。この怒り合戦で、ご主人が、ささいなことにいちいちクレームをつける気力を消耗していけばしめたものです。

Q. 家事をせず母の悪口言う父

一八歳の大学一年生です。

私の父は、自分の洗濯物を畳んでたんすにしまうことをしません。母がやります。父はその一連の作業ができる力を持っているのに、「あいつのやるべきことだ」と母にやらせます。

私は父がなぜそう答え、それが正しいと思っているのか、まったく分かりません。自分でできることは自分でやる、ましてや自分が生活するうえで必要最低限なことは自分でやることが普通だと思っているのですが、私はおかしいでしょうか？

母は働いているので、時間が足りず、洗濯物がたまってしまうことがあります。すると父は「洗濯に出したものが返ってこない」と怒り出します。そんなに怒るなら自分でやればいいと提案しても、「なんで俺がやらなきゃいけないんだ」「あいつは昔から……」と母の過去の失敗について話を始め、もう私の質問の答えは返ってきません。
しかも、その話というのは、私が三歳の頃の話だったりします。しまいには、「あいつは自分のやるべきことをやっていないのに、子どもには自分のやるべきことをやれと言う」と母を非難し始め、ついに、高校一年生になった弟は自分のお弁当箱を洗わなくなりました。
私は、それはおかしいと声をあげましたが、父はおかしくないと言います。母はもう疲れています。私も、家にいるのがつらいです。

（大学生　女性　一八歳）

• •

A.「実力行使」も選択肢に入れて

お父さんは、妻が家事をし、家庭を守るものだという古い考え方に凝り固まっているようです。一昔前ならいざ知らず、時代はすでに大きく変わっています。現に、お母さんは専業主婦ではなく、外で働いています。にもかかわらず、お母さんが家事労働をすべて押しつけられるなら、あなたが怒るのは当然です。

与謝野晶子が、一〇〇年余り前に書いた**「婦人と思想」**という評論があります。

そこで晶子は婦人解放問題にふれ、女性自らがその主人公となるには、「何よりも先ず想う婦人、考える婦人、頭脳の婦人となり、兼ねて働く婦人、行う婦人、手の婦人となることが急務である」と述べ、「父母、良人、兄弟、友人とこれ(婦人解放問題)について研究し合うという程度に達すれば、自然読書の習慣も生じ、智識も聡明となり、感情も豊潤を増し……良人の機嫌を取ったり台所の用事にかまけたりして貴重なる一生を空費するような事がなくなり、初めて文明男子の伴侶として対等なる文明婦人の資格を作ることが出来ようと思う」と書いています。

古い男女の役割分業が一般的だった当時に、晶子は、状況を変えるためには、女性が本を読み、知識を蓄え、考えるようにならなければいけないと言っています。

あなたは大学一年生ですから、より多くの知識を身につけ、大人として、お母さんのよき理解者、もっと強い味方になる必要があります。そして、ただ古い通念を押しつけるだけのお父さんに言い負かされず、その理不尽な言動に対して論理的にはね返していかなければなりません。女性たちがひるまずやり抜けば、家庭の雰囲気も少しずつ変わっていくかもしれません。

ただ、お父さんはかなり「末期症状」に近いので、正攻法では生ぬるく、効果がないと思うかもしれません。もし、あなたがもっと強硬な手段が必要だと考えるならば、お母さんに家事をサボタージュさせることです。

たとえば、一度、手を骨折したフリをしたり仮病を使ったりしてみてはいかがでしょう。物理的に家事ができない状態を見せれば、お父さんは自分でするしかありません。

しかし、ケガや病気は治るものなので、いつまでもフリはできません。そう考えるなら、公然と家事ストライキを行うしかありません。婦人解放は闘いです。ただし、こうした強硬手段をとる場合、不退転の決意と覚悟が必要かもしれません。

◆この章で取り上げた物語一覧◆

「〆込み」『落語百選　春』麻生芳伸編集、ちくま文庫

『怒れ！　憤れ！』ステファン・エセル、村井章子訳、日経BP社、二〇一一年

「小言念仏」『落語名人会(38)　柳家小三治14　味噌蔵・小言念仏』CD、ソニー・ミュージックレコーズ、一九九六年ほか

「婦人と思想」鹿野政直・香内信子編『与謝野晶子評論集』岩波文庫

10

希望と絶望

希望を持っている人は、生き生きとしています。反対に、希望を持てない状態にいる人は、いつも不安を抱えてなかなか前に進めません。人はこの不安から逃れ、何とか希望を持ちたいと願います。失敗したり思い通りにならなかったりする事態が考えられる中で、自分の望み通りになってほしいと願うことが希望です。

人は夢の実現のために努力したり幸運を祈ったりします。青少年時代に、将来こうなりたいという夢を持つことがそうです。しかし、若いときには先が見通せないことが多くあり、なかなか希望が持てず、不安に襲われることがあります。とくに、今は若い世代の四割以上が非正規雇用になってしまう世の中です。若者が日本社会の将来に希望が持てないのは当然です。そして、それが社会全体の活力を失わせてしまうのです。そんな中でも、何とか将来に希望を持とうとする若者も数多くいます。一定の年齢に達した人たちには、その希望をできるだけかなえてやる社会的責任があると私は思っています。

たとえ自分が簡単に実現できない夢だとしても、その夢を他の人に託すとき、それも希望になります。とくに一定の年齢になると、自分の人生の先が見えてきます。自分の希望が自分自身で実現できないと感ずるとき、生き生きと人生を送ることができなくなってしまいます。しかし、もし自分の夢を未来の世代に託すことができれば、それが希望となります。希望とは、世代にかかわらず、人が時間の制約を超えて未来とつながっていくことなのです。

しかし、絶望的に思える状況に直面したとき、人はいかにして希望を持てるのでしょうか。たとえ「見果てぬ夢」だと思えても、社会に少しでも役に立ちたいという社会的使命感に裏付けられていれば、希望をより強く長続きさせてくれます。絶望に陥りがちな状況下に生きているからこそ、むしろ希望は人間に強い意志と勇気を与えてくれるのだと私は思っています。光は闇の中だからこそ輝くのです。

Q. ダンスはそろそろやめどき?

現在私は八六歳です。

母や夫を見送ってから、独り暮らしの心寂しさにくわえ、運動になるかもと思って、柄にもなく社交ダンスを始めました。今から一四年前のことです。

まったくの初心者で、しかも老人のことですので、上達するなどとは思いもよりませんでした。ひたすら先生のご指導のままに、教室主催のパーティーでのデモ出演などの回を重ねて、今まで続けてきております。

ですが、ある教室のパーティーに参加したときのことです。踊っておられる私同様のお年寄りを見てハッとしました。

人は引き際が大事だということは、日本人の美意識の底に流れていることです。このときから私も、いつまでも続けられる幸せを感じるより、潔くやめることが望ましいのではないか、と考えるようになりました。

ただ、自分でその見極めをすることは、つらくて悲しくて……。まだ大丈夫だ！　なんて自分を甘やかすこともあれば、覚悟すべきなのかと思うこともあり、心が迷ってしまいます。

ダンスの先生との師弟関係も長く、思いあまって相談してみても、先生も言いにくいこともあるでしょうし……。

こういう場合、一般的に言って、どういうふうに対処したらよいのでしょうか。自分の進退のことではありますが、冷静な第三者のご意見をうかがいたいと思います。

（無職　女性　八六歳）

A. あなたの姿が生きる希望なのです

母や夫を失った八六歳の相談者は、一四年前に社交ダンスを習い始め、教室のデモ演技をしてきましたが、同じような年齢の方が踊るのを見て、「潔くやめることが望ましいのではないか」と悩んでいます。

高齢の方が「引き際」の「美意識」を語るとき、私は深沢七郎の『楢山節考』に出てくる「おりん」を思い出します。

この小説では、村の習わしで七〇歳になると山に捨てられますが、おりんは火打ち石で自分の歯を折り、自ら進んで息子の辰平に背負われて、この「楢山まいり」をします。白骨があちこちに残る楢山の岩陰にムシロを敷いて座ると、おりんは辰平の手を固く握りしめ、背中をどーんと押して辰平を帰します。

辰平は帰り道で、同じ七〇歳になった銭屋の又やんが、息子の背板にがんじがらめに縛られ、必死に縄の間から指で息子の襟をつかんでいるところを、息子が背中を蹴って谷底に突き落とすのを見てしまいます。このシーンが、人生を終えるおりんの潔さを際立たせます。

しかし、『楢山節考』に見られる引き際の美は、実は食糧の足りない貧しい村での生きる知恵でした。おりんが消えることで食いぶちが一つ減り、家族が救われます。引き際は、それによって若い人に新たな機会を与えることができて、初めて美しくなります。

ぶしつけで失礼なのを承知のうえで、相談者にあえて聞きます。あなたが「引き際」と考え、ダンスをやめることで、誰かが救われるのでしょうか？

数年前に、一〇〇歳以上の高齢者の所在不明問題が次々と明るみに出てきました。子どもも行き先を知らなかったり、葬式ができずに白骨死体となって発見されたりします。ずっと親の死を隠してその年金で八〇歳の子どもが生活しているケースもありました。いまや都会の風景は、高齢者を置き去りにする楢山の頂上のようです。

家族が壊れ、高齢者が見捨てられていく状況の中で、八六歳のあなたが、今も元気にダンスを続け、披露していることで、あなたの知らないところで多くの人が励まされているでしょう。

あなたが自分より若い人に対し、生きる希望を与え続けながら終末を迎えられるとしたら、これほど美しい引き際はないと私は思います。ダンスはずっと続けてください。

Q. 将来を細かく考えてしまいます

一七歳の高校生女子です。

最近、自分の将来に悩んでいます。小さい頃は姉の後ろを追いかけて、「早く大人になりたい」と思っていました。将来の夢は、小五で決めてから高校生になるまで変わることはなく、行きたい大学も小五の時点で明確にしていました。

しかし、高校生になってから塾の先生に「公務員より企業が向いている」と言われ、急に迷い出しました。それからは、教科書会社、引っ越し会社、大学の職員などやりたい仕事は出てくるのですが、自分の「志」というのが曖昧です。大学生になって、遊んだりバイトをしたりして、就職活動の時期を迎えると、受験のときと同様、レールに乗って生きていくのか、不安です。また、行きたい外国もありますが、そこに行って何をしたいのかも曖昧です。

おそらく、私は頭で考えすぎなのです。大学生のことは大学生になって考えればいい、とりあえず勉強に集中すればいいのです。しかし、私の「先のことを細かく考える」性格とは、これから先、どうつき合っていけばよいのでしょうか。

いいえ、私はもしかしたら、ちっとも考えてなんかいないのです。おそらく目の前の現実から目をそむけているだけ、ってまた悩み始めてしまいました。将来に悩み、不安になったり、前向きになったりするのは凡人の証しということでしょうか。

（女子高校生　一七歳）

A. しっかり考える人ほど悩むのです

自分が受験生の頃に、何を考えていたのか……。かすかな記憶をたどってみると、自分の将来について漠然としか考えていなかったと思います。四〇年前の日本は、今日のように先がまったく見えない状況ではありませんでした。きっと多少失敗をしても、取り返せると思っていたに違いありません。

あなたは、自分を「先のことを細かく考える」性格だと悩んでいます。たしかに、出てくる職業が公務員、教科書会社、引っ越し会社、大学職員など非常に具体的です。私たちの時代だったら、きっと「頭で考えすぎ」だと言われたでしょう。

しかし今は、昔と違って、若者の雇用が著しく不安定になっています。実際、二〇一二年三月一九日に発表された内閣府の推計によると、二〇一〇年春の大学・専門学校卒の二人に一人、高校卒の三人に二人が、就職できなかったか早期(三年以内)に退職しています。

自分の将来をあれこれ考え悩むのは、決してあなたの性格に問題があるのではありません。もちろん「凡人の証し」でもありません。こんな状況でも、あまり先のことも考えずに退職してしまう若者も数多くいます。むしろ、しっかりと自分の将来について考えようとする人ほど悩んでしまうのだと、私は思います。

実は、この相談を読みながら、高校時代に読んだ林芙美子の『放浪記』を思い出していました。「私は宿命的に放浪者である。私は古里を持たない」という有名な一節で始まる『放浪記』は、林芙美子の自伝を日記風につづった小説です。

林は、八歳のときから、母と駆け落ちした養父の仕事の関係で各地を転々とし、行商を手伝うようになります。尾道高女を卒業後も、女工、事務員、女給など職業を次々と替えて、貧困と飢えに苦しみながら詩人そして小説家になっていきます。もちろん、誰もが、林芙美子のような人生を歩むことはできませんが、孤独な状況に打ち克つその強い精神に心を動かされます。

この間ずっと、私は雇用流動化政策を批判し、社会保障改革やエネルギー転換による雇用創出を訴えてきました。しかし、あなたに個人として将来についてどう考えればよいのかと問われたとき、何があっても踏んばれる強い心を持つしかないという以外に答えを見つけることができません。これしか言えない大人であることに何とも情けない気持ちになります。

Q. 進路がまったく決まりません

地方の進学校に通う一七歳の高校生です。

今の悩みは将来についてです。大学には行きたいのですが、どこの大学がいいか、どんな学部に入りたいのか、まったく決まりません。原因ははっきりしていて、やりたいことが多すぎるからです。

動物が好きだから獣医さん、やっぱり工学部で建築を……。いや、農学部に行こうか。でも、世界中に行きたいし、語学や民族の勉強をしようかな。暇さえあれば、自分の将来を考えます。受験も迫っており、そろそろ志望大学を決めなくてはなりません。

悩みに拍車をかけているのが、もし大学に行ったとして、就職できるのか、将来の安定につながる資格を取れることを学ぶほうがいいんだろうか、という不安です。私には姉がいて、就職活動の大変さを近くで味わいました。

一〇年後、二〇年後、どんな自分がいるんだろうと想像するのは、わくわくします。でも、それは想像の世界で、現実はそんなに甘くないというのは、生まれたときから不況の時代を過ごした私たちの世代には当たり前の認識です。就職を意識してか、資格が取れる医療系の大学を希望する友だちもいます。

多すぎるほどあるやりたいこと、社会の現実。どうやって大学を決めればいいのでしょうか。

（男子高校生　一七歳）

A. 興味ある世界をよく知ってから

高校生のあなたが夢にみる職業は、実に多方面にわたっています。

あなたは、きっと進学校でも理科系、文科系ともに満遍なく成績優秀なのでしょう。何でもできるがゆえの悩みです。何でも選べるというのは一見「自由」に見えますが、実は選択肢がありすぎて、何をどう選んだらよいのか分からないという「不自由」に直面してしまいます。

しかし、問題はそれだけではないようです。

あなたの夢は、あれになりたい、これになりたい、という職につく「入り口」で止まっています。だから、お姉さんの就職活動の大変さを見て、不安になってしまいます。そこで、選択肢がありすぎる「不自由さ」を就職のしやすさという基準で割り切ろうとしています。

こういう基準で職業を選択してしまうと、むしろ就職してから夢と現実のギャップを味わうことになります。一生涯続けられる職業を見つけることはそう簡単なことではありません。

ただ当面の就職だけを考えて、志望大学を選ぶのには賛成できません。就職を考える前に、より深い知識を得たいとずっと思える分野は何か、もう少し考えて志望校を絞ってみてはいかがでしょうか。受験勉強の合間に、興味のある分野の新書などを読むのも一つの方法です。

しかし本を読みすぎて、「見果てぬ夢」をいだき、社会から疎外されてしまうこともあります。あのセルバンテスの**『ドン・キホーテ』**の物語がそうです。

ドン・キホーテは騎士物語を読みあさり、不正や理不尽が横行する世の中を正そうと、自らが騎士になって遍歴の旅に出ます。山羊飼いや商人たちに闘いを挑んだり、風車を巨人と、羊の群れを軍勢と勘違いして突撃したりします。最後は、狂人扱いされ、故郷の司祭と床屋によって檻に入れられ、故郷の村に連れ帰されてしまいます。

たとえ世間から冷たい目で見られても、社会の不正や理不尽を正すべく騎士道を貫く、哀しくも滑稽なドン・キホーテの話が私は好きです。身近な人々や社会に対して何らかの使命感を持つことが職業を長続きさせると思うからです。そして夢が大きければ大きいほど、社会の抵抗も大きくなります。

その世界について知識が深くなるほど、夢には困難が伴うことが分かるはずです。本当の夢を考えるのは、大学に入ってからでも決して遅くはありません。

Q. 貧しかった子育て時代を後悔

四〇代の女性です。

子どもたちが小さかった頃、わが家は経済的に余裕がありませんでした。ですので、遊びに連れていったのは、もっぱらお金がかからない高原や渓流、遊具の多い公園などで、お昼は持っていったおにぎりやパンを食べました。先日、二〇歳を過ぎた子どもと昔遊んだ公園を久しぶりに訪れたら、楽しかった時間の思い出話に花が咲きました。

しかし三番目の子どもが進学で家を出た途端、後悔の念がおこり始めました。

小学生だった子に「連れていって」と懇願されたディズニーランドに行かなかったなあ。あそこもここもお金がかかるし……と断ったなあ。経済的なことなんか気にしないで、子どもの希望通りのことをしてあげれば良かったのに……。

そんな思いからか、最近はディズニーランドの広告を見るのが嫌いになりました。先日はアイスクリーム屋さんの前で、子どもに「ダブルがいい！」と言われたのに却下した昔を思い出し、急いで通り過ぎました。

自分が親孝行しなかったことを後悔するとは思っていましたが、子どものことでこんなに悔やむとは思ってませんでした。親とはそういうものですか。いまは経済的にも余裕が出て、子どもたちには国立ですが行きたい学校に行かせることができています。良い子に成長したとは思いますが、でも……。


（女性　四〇代）

A. 子どもは「生きる力」を養ってます

あなたは、子ども全員が立派に成長して家を出たあとに、子どもが小さかった頃、してあげられなかったことをいろいろと思い出し、後悔の念に駆られています。

私はあなたが子どもたちにした教育が間違っていたとは思いません。お金がなかったから仕方なかったことですが、もしあったとしても、何でも要望通り与えるのがよいとは思えないからです。

『**十五少年漂流記**』を思い出してみましょう。スルギ号に乗った一五人の子どもたちは海に流され、嵐にあって島に流れ着きます。自分たちの力で洞窟を見つけ、島を探索して地名をつけ、狩りをし、ラマやビクーニャを家畜として飼い、水道を通し、冬の薪を集め、というように生活の条件を次々と整えていきます。

子どもたちは、分担して仕事をし、上級生が下級生に勉強を教えます。そして大統領を選挙で選び、週二回の討論会を開き、対立を乗り越えていきます。

一年七か月たって、セバーン号の略奪者のワルストンとその一味が、船が火事になったために脱出して、島に漂着します。彼らは子どもたちを襲います。子どもたちはそれを破って、彼らのボートを修繕して無事帰還します。

こうして子どもたちは、大人たちの世界と同様に、労働、教育、政治、そして防衛までを含む一つの共和国を自らの力で作り上げて困難を克服するのです。作者のジュール・ヴェルヌは、「少年たちが、なんであれ、困難に直面したときには、勤勉、勇気、思慮、熱心の四つがあれば、必らずそれにうち勝つことができる」と書いています。

あなたはお金がなくて子どもたちにしてやれなかったことを後悔していますが、そのあなたの無念とは別に、この物語が教えるように、むしろ何かが欠けているときこそ、子どもたちは自らの力で道を切りひらき、それが生きる力を養っていくものなのです。

あなたは、家族一緒で高原や渓流などの自然に接する機会を子どもに与えてきました。そういうあなたの精いっぱいの優しさは、子どもたちに伝わっていないはずがありません。

むしろ、あなたがディズニーランドに連れていってやれなかった生活の苦労も、子どもたちが大人になれば、その意味が分かるはずです。きっと、あなたの賢い子どもたちは、自分たちの子どもができたら、たとえお金があっても、あなたと同じように接するに違いありません。

Q. 本当の希望がほしいです

一人で暮らしている高齢者です。年齢は六八歳です。

よく言われることではありますが、「人は希望があれば生きていけるのだ」という言葉があります。でも、今の私には、夢もありませんし、生きていけるような希望もありません。

まだ多少ではありますが、気力と体力は残っているので、家はゴミ屋敷のようにはひどくなっておりませんし、自立して生活はできています。

退職者関係の組織の世話人など仕事を頼まれれば、断らず雑務をこなしています。

そのようにして雑務をして、ひとつひとつの行事が終わっていきますが、さりとて私になにか充実感があるわけでもなく、やれやれなどと思うだけの日々が過ぎていきます。

こういう相談をすると、よくある回答は、「友だちを持て」とか「趣味を持て」などというアドバイスです。

ですが、私には、そうした通りいっぺんの助言は必要ではありません。

なにか、心に本当にしみてくるような、心の底から高齢者が希望を持てるような、そんな本はありませんでしょうか。あるいは、そんなお話は聞けませんでしょうか。

そういった気持ちから、相談いたしました。

ですが、私は宗教は嫌いです。なぜならこの世には神も仏もいないと思うからです。

（女性　六八歳）

A．子どもへの援助が自分の希望にも

六八歳のあなたは、希望を持てていない日々に漠然と空しさを感じているようです。ただ何かを待って漫然と時間を過ごしていても、「未来の時間」を失っていくだけです。「希望」は降ってくるものではありません。

では、どうしたらよいのでしょうか。それは、未来のある若い世代を助け、育てることです。

それによって自分の限りある未来を、さらに先につなげていくことができるからです。とりわけ困難な状況に置かれている子どもほど、助けを必要としています。

ジーン・ウェブスターの小説**『あしながおじさん』**は、人を育てる大事さを教えてくれます。主人公のジュディはジョン・グリア孤児院で一番年長の女の子でした。ある日、評議員の「あしながおじさん」に作文が認められ、大学に行けることになります。そして月に一回、あしながおじさんに手紙を送ることを約束させられます。

ジュディは、最初は孤児院のみじめな体験を悪く書き、楽しい大学生活についてつづり、「私はまるで物語の中に書かれている女主人公」のような気持ちだと記します。

しかし次第に彼女に自立心が芽生え、あしながおじさんが送ってくれた小切手を断ります。良家の子女に囲まれた中で、「私は一人ぼっちなのでございます。実際に誰も後ろ盾なく壁を背にして世の中と戦っているのでございます。それを考えると息がつまりそうな気がいたします」と書きますが、自分で奨学金をとるようになります。

大学を卒業するときになり、これまで「孤児院を憎んでいました」という彼女は、「またとないすばらしい経験だった」と思うに至ります。「私は、自分たちが幸福であることを知らずにいる少女たちをたくさん知っています。その人たちは幸福に馴れすぎて、幸福に対する感覚がにぶくなっています」と書くのです。

この物語は、資産家のあしながおじさんが孤児のジュディに結婚を申し込んで終わりますが、重要なのは、彼が彼女の書いた手紙を読み、その成長を見ていくうちに、やがてそれが自らの希望となっていったという点です。

今の日本は六人に一人の子どもが貧困に陥っています。あしながおじさんのような資産家でないかぎり、個々人にできることは限られていますが、それでも、子どもたちが希望を持てる社会にするために、何かできることがあるはずです。それが「自分自身の希望」をつくるのです。

◆この章で取り上げた物語一覧◆

『楢山節考』深沢七郎、新潮文庫

『放浪記』林芙美子、岩波文庫ほか

『ドン・キホーテ』全六冊、セルバンテス、牛島信明訳、岩波文庫ほか

『十五少年漂流記』ジュール・ヴェルヌ、石川湧訳、角川文庫ほか

『あしながおじさん』ジーン・ウェブスター、松本恵子訳、新潮文庫ほか

自問自答

Q. 自分自身の悩みはどうしたらいいでしょうか

「悩みのるつぼ」の回答者になってくれないかと依頼されたとき、「失われた二〇年」といわれる長期衰退の時代ですから、「経済にかかわる悩みがいっぱい来ますので」というのが理由でした。ならばと、お引き受けしたのですが、担当記者にだまされました。そのうち非正規雇用、就職、職場関係、お金の使い方といった経済にかかわる相談だけでなく、親子関係、夫婦関係、退職後や老後の人生、ねたみやコンプレックスといった守備範囲を超える相談が次々とやってきて、対応せざるをえなくなってしまいました。

　こうした相談に答えているうちに、どこかで自分がすべての悩みを解決できる神のように、上から舞い降りてくる面が消えないことに少し違和感を覚えてきました。おまえはそんなに偉いのか、あるいは自分で悩みを克服してきた者なのかという自問自答が生じ、ある種の後ろめたさがつきまとうからです。最初の数回がすぎて、まずは相談者の悩みに寄り添い、それを肯定し、できるだけ同じ地平に目線を置くように努めることにしました。そして答えに普遍性を持たせるには、小説や寓話や落語といった物語に語らせることを思いつきました。しかし、まだ悩みが残っています。回答者であるにもかかわらず、自分自身も悩みがなかなか解決しないことです。それは、自分の学問が、人生が終わるまでに目指すものにはるかに及ばず、到達できそうにないことです。自分の相談に答えようとするならば、一体どの小説や寓話を参考にしたらよいのでしょうか。

（経済学者　男性　六〇代）

A. とまれ、お前はいかにも美しい

おそらく、ゲーテの**『ファウスト』**がぴったりな気がします。やや長くなりますが、話を追いかけてみましょう。

『ファウスト』は、主（神）と悪魔メフィストーフェレスが賭けをするところから物語は始ま

ります。神が「眼をかけている男」であるファウスト博士について、メフィストは、「あの男は自分が変人だということを半ば承知している。天の一番きれいな星を欲しがる一方では、地上最大の快楽を得ようとする。沸き返っているあいつの胸を満たすものは、この世界のどこにもないのですな」という。メフィストは神に賭けを持ちかけます。「あの男をそろりそろりと私の道へ引入れてごらんに入れます。まず、勝負はこっちのものだがなあ」。これに対して、神は「あれがこの地上に生きている間は、お前が何をしようと差支えない」「しかし最後は、畏れ入ってこういうことだろう、善い人間は、暗い衝動に駆られても、正道を忘れるということはないものだ」と返します。

ファウスト博士は、こう言います。「法律学も、医学も、むだとは知りつつ神学まで、営々辛苦、究めつくした。その結果はどうかといえば、昔に較べて少しも利口になってはおらぬ」「さて、とっくりとわかったのが、人間、何も知ることはできぬということだとは。思えば胸が張り裂けそうだ」

まるで、何かを分かったと言えない自分自身を見るようなセリフです。そして、人生の素晴らしさに心を奪われる瞬間に「とまれ、お前はいかにも美しい」と言ったら、自分の魂をやるという契約をメフィストと交わし、ファウストは若返ります。そしてマルガレーテと恋に落ちますが、ファウストは逢い引きするためにマルガレーテに渡した薬で彼女の母を殺してしまいます。ファウストは、マルガレーテの「堕落」を知った兄と決闘して、メフィストの助けで殺します。そしてファウストは、子どもを殺して死刑囚となったマルガレーテをメフィストの助けを借りて救いだそうとしますが、マルガレーテは罪を背負って死を選びます。

その後、ファウストは、皇帝に仕え、ギリシャ神話の世界に旅立ち、美しいヘレネーと結婚し子をもうけますが、別れて再び地上に帰ります。ファウストはメフィストの助けで戦争に勝ち、皇帝から領国をもらい、民とともに荒れた地を整え、世界を作り直そうとします。ファウストは、この天地創造にも似た事業に生き甲斐を見いだしますが、立ち退きを拒む老夫婦を殺し、「憂い」の霊に吹きかけられた息によって視力を失います。ファウストは自分の墓を掘る鋤のかちかち鳴る音を堤防工事のそれと勘違いし「日々に自由と生活とを闘い取らねばならぬ者こそ、自由と生活とを享《う》くるに値する」と悟り、ついに「とまれ、お前はいかにも美しい」と言って「己の地上の生活の痕跡は、幾世を経ても滅びるということがないだろう」と満足します。賭けに勝ったメフィストーフェレスは彼の魂を地獄へ連れ去ろうとしますが、天国から来たマルガレーテの願いが聞き入れられ、ファウストは天使たちによって天国に導かれます。

「とまれ、お前はいかにも美しい」

それを言えば、悪魔に魂を奪われて死ぬのですが、目が見えなくなり、まわりが見えなくなり勘違いして、ファウストはそう言うのです。もしかすると、人生は、目指しているものがいつも未達成で、それゆえに悩むのですが、それが永遠に到達しないがゆえに、人に絶えざる向上心を生じさせるのかもしれません。逆に言えば、何かを達成したと思う瞬間に、人生は終わってしまうのかもしれません。真剣に生きているかぎり、悩みや迷いは当然つきまとうものだとすれば、その悩みや迷いをいったん肯定したうえで、真剣に向き合うことで前に進むしかないと思うのです。今のところ、それが、「何も分かった気がしない」という私の悩みに対する私自身の回答ですが、こういう形で自己正当化していいのかどうか、まだ自信を持てません。

◆この章で取り上げた物語一覧◆

『ファウスト』全二冊、ゲーテ、高橋義孝訳、新潮文庫ほか

あとがき

「悩みのるつぼ」の連載はまだ続いています。私が回答者でなくなっても、どういう形になるか分かりませんが、人生相談はいつまでも続いていくでしょう。いつまでも人生は永遠に動いていくもので、過程(プロセス)そのものこそが人生なのかもしれません。実際、人は悩みを克服して目的を達成したとしても、また次の新たな目標とともに悩みが生じます。そして時代状況が変われば、その悩みも少しずつ形を変えていきます。今回、まとめて相談と回答を読み返してみて、人の悩みはどの時代にも当てはまるように見えて、時代状況を強く反映していることに気づかされました。

本書の元になった「悩みのるつぼ」では、朝日新聞社の中島鉄郎さんに大変お世話になりました。一〇年以上も前からの知り合いですが、いつも、私の回答の足りないところを忌憚なくご指摘していただいたり、貴重なアドバイスをしてくれたりしました。それは今も続いています。また本書をまとめるにあたっては、岩波書店新書編集部の上田麻里さんにお骨折りいただきました。上田さんとは雑誌『世界』や『反グローバリズム』以来、長く拙著の編集をしていただいてきました。本書は何年かぶりに担当していただいたものです。中島さん、上田さんの助けがなければ、本書はできなかったでしょう。最後に感謝の気持ちを表して本書を閉じたいと思います。

二〇一六年一二月

金子　勝

金子 勝

1952年東京都生まれ.
経済学者. 東京大学大学院経済学研究科博士課程修了. 東京大学社会科学研究所助手, 法政大学経済学部教授などを経て, 慶應義塾大学経済学部教授.
専門―財政学, 制度経済学, 地方財政論
著書―『市場と制度の政治経済学』(東京大学出版会)
『市場』『新・反グローバリズム』『原発は火力より高い』『逆システム学』(共著)
『日本病 長期衰退のダイナミクス』(共著)(以上, 岩波書店)
『長期停滞』『閉塞経済』『経済大転換』(以上, ちくま新書)
『資本主義の克服』(集英社新書)
『負けない人たち――金子勝の列島経済探訪レポート』(自由国民社) ほか

悩みいろいろ――人生に効く物語50　岩波新書(新赤版)1632

2016年12月20日　第1刷発行

著 者　金《かね》子《こ》 勝《まさる》

発行者　岡本 厚

発行所　株式会社 岩波書店
〒101-8002 東京都千代田区一ツ橋 2-5-5
案内 03-5210-4000　営業部 03-5210-4111
http://www.iwanami.co.jp/

新書編集部 03-5210-4054
http://www.iwanamishinsho.com/

印刷・理想社　カバー・半七印刷　製本・中永製本

ISBN 978-4-00-431632-9　Printed in Japan

岩波新書新赤版一〇〇〇点に際して

ひとつの時代が終わったと言われて久しい。だが、その先にいかなる時代を展望するのか、私たちはその輪郭すら描きえていない。二〇世紀から持ち越した課題の多くは、未だ解決の緒を見つけることのできないままであり、二一世紀が新たに招きよせた問題も少なくない。グローバル資本主義の浸透、憎悪の連鎖、暴力の応酬――世界は混沌として深い不安の只中にある。

現代社会においては変化が常態となり、速さと新しさに絶対的な価値が与えられた。消費社会の深化と情報技術の革命は、種々の境界を無くし、人々の生活やコミュニケーションの様式を根底から変容させてきた。ライフスタイルは多様化し、一面では個人の生き方をそれぞれが選びとる時代が始まっている。同時に、新たな格差が生まれ、様々な次元での亀裂や分断が深まっている。社会や歴史に対する意識が揺らぎ、普遍的な理念に対する根本的な懐疑や、現実を変えることへの無力感がひそかに根を張りつつある。そして生きることに誰もが困難を覚える時代が到来している。

しかし、日常生活のそれぞれの場で、自由と民主主義を獲得し実践することを通じて、私たち自身がそうした閉塞を乗り超え、希望の時代の幕開けを告げてゆくことは不可能ではあるまい。そのために、いま求められていること――それは、個と個の間で開かれた対話を積み重ねながら、人間らしく生きることの条件について一人ひとりが粘り強く思考することではないか。その営みの糧となるものが、教養に外ならないと私たちは考える。歴史とは何か、よく生きるとはいかなることか、世界そして人間はどこへ向かうべきなのか――こうした根源的な問いとの格闘が、文化と知の厚みを作り出し、個人と社会を支える基盤としての教養となった。まさにそのような教養への道案内こそ、岩波新書が創刊以来、追求してきたことである。

岩波新書は、日中戦争下の一九三八年一一月に赤版として創刊された。創刊の辞は、道義の精神に則らない日本の行動を憂慮し、批判的精神と良心的行動の欠如を戒めつつ、現代人の現代的教養を刊行の目的とする、と謳っている。以後、青版、黄版、新赤版と装いを改めながら、合計二五〇〇点余りを世に問うてきた。そして、いままた新赤版が一〇〇〇点を迎えたのを機に、人間の理性と良心への信頼を再確認し、それに裏打ちされた文化を培っていく決意を込めて、新しい装丁のもとに再出発したいと思う。一冊一冊から吹き出す新風が一人でも多くの読者の許に届くこと、そして希望ある時代への想像力を豊かにかき立てることを切に願う。

（二〇〇六年四月）